강유

에티오피아 전사들의 한국전쟁 참전기

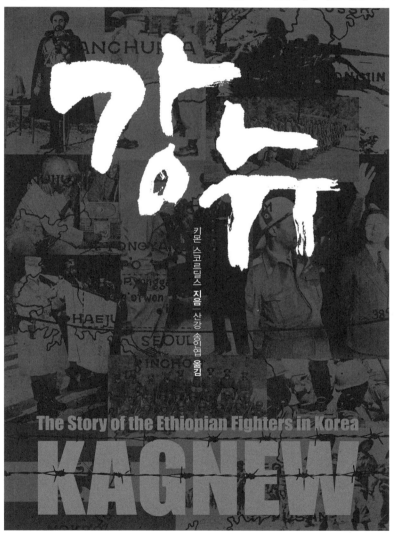

키몬 스코르딜스 **지음** | 산강 송인엽 **옮김**

The Story of the Ethiopian Fighters in Korea

KAGNEW

오늘의책

강뉴

: 에티오피아 전사들의 한국전쟁 참전기

ⓒ 송인엽, 2010

1판 1쇄 2010년 6월 25일 펴냄
　　2쇄 2010년 7월 22일 펴냄

지은이 키몬 스코르딜스
옮긴이 송인엽

기획편집 김윤곤
디자인 조세준
마케팅 정복순
관리 안상희

펴낸이 박영철
펴낸곳 오늘의책
출판등록 제10-1293호(1996년 5월 25일)
주소 121-839 서울시 마포구 서교동 377-26번지 1층
전화 02-322-4595~6
팩스 02-322-4597
이메일 tobooks@naver.com

ISBN 978-89-7718-316-2 03900

· 책값은 뒤표지에 있습니다.
· 이 저작물의 내용을 쓰고자 할 때는 저작권자와 오늘의책의 허락을 받아야 합니다.
· 잘못 만들어진 책은 구입하신 서점에서 바꿔드립니다.

키몬 스코르딜스와 산강 송인엽은 세계 평화를 위한 집단안보의 선창자인 위대한 하일레 셀라시에 에티오피아 황제와 한국전쟁에서 이 신념을 위해 싸운 강뉴부대 용사와 산화한 수많은 영령들과 에티오피아와 한국 국민 그리고 자유와 평화를 사랑하는 지구촌 모든 이에게 이 책을 바칩니다.

"세계 평화와 개인의 자유 대 억압과 분쟁으로 휘말린 이념의 대립 속에서 귀 장병들의 황제는 자유와 평화 그리고 민주주의에 대한 확고한 신념과 이를 지키기 위한 선봉의 햇불로 우뚝 솟아 있습니다. 하일레 셀라시에 황제를 대표하는 용맹스런 강뉴부대는 세계 평화와 민주주의에 대한 에티오피아 국민과 정부의 강한 신념을 만방에 선포하는 것입니다."

미국 육군 제7사단장
소장 웨인 C. 스미스

에티오피아 제국의 황제 하일레 셀라시에 1세

역사는 반드시 언젠가 자유와 평화의 신봉자인 에티오피아 하일레 셀라시에(Haile Selassie I) 황제를, 인류를 위해 헌신하고 자신을 내던진 대영웅의 반열에 세울 것이다. 안토니누스 피우스(Antoninus Pius, 86~161)와 콘스탄티누스대제(Constantinus I, 272~337)가 로마제국을 위하여, 프리드리히 빌헬름(Friedrich Wilhelm, 1620~1688)이 프로이센을 위하여 헌신했듯이 하일레 셀라시에 황제는 에티오피아와 세계 평화를 위해 노력했다.

에티오피아 제국의 황제 하일레 셀라시에 1세

기독교 덕목에 심취한 평화주의자이자 개혁가인 하일레 셀라시에는 그의 나라를 통일하고 질서를 확립하는데 성공한 다음 이웃나라들과 평화 관계를 구축했다. 에티오피아가 1923년 국제연맹에 가입한 것도 전적으로 세계 평화에 대한 셀라시에 황제가 보여준 불굴의 신념과 노력의 산물이다.

에티오피아에서 지난 수십 년 동안 성취한 많은 대업은 조국을 근대화시켜 부강한 나라로 만들겠다는 일생의 신념으로 불탔던 셀라시에 황제의 노력에서 비롯된 것이다. 그러나 셀라시에 황제는 자신의 조국만을 위해 그렇게 한 것이 아니다. 이탈리아에 의하여 에티오피아가 점령되었을 때뿐만 아니라 독립하고도 집단안보(collective security)를 주창하며 이의 확립을 위해 그가 줄기차게 투쟁한 것만 봐도 세계 평화를 위한 그의 신념과 노력을 알 수 있다.

17세기 프리드리히 빌헬름 황제가 일찍이 군주의 책임에 대하여 정의한 것은 오늘날에도 타당하다. 즉, 군주는 국민을 섬기는 자이지 섬김을 받는 자가 아니며 위대한 통치자의 첫 번째 책무는 국민에 대한 의무이다. 그러한 정신이 하일레 셀라시에 황제의 국민에 대한 사심 없는 헌신에서 자연스럽게 우러나왔다.

에티오피아 국민뿐만 아니라 온 인류가 이 위대한 하일레 셀라시에 황제에게 무한한 존경과 감사한 마음을 품어야 할 것이다.

인류 평화라는 이상의 제단에

1951년 4월에서 1956년 4월까지
에티오피아는 정예군인 황실근위대 6,037명을
한국에 파병했다.

강뉴부대(Kagnew Battalions)는 한국에서
유엔군의 일원으로서 맡은 사명을 다했다.

253번의 전투

124명의 전사자

536명의 부상자

'강뉴(Kagnew)'의 의미

'강뉴'는 에티오피아어로 두 가지 뜻이 있다. 첫 번째 의미이자 더 정확한 뜻으로 '혼돈에서 질서를 확립하다'이며 다른 뜻은 '초전 박살'이다. '강뉴'라는 부대명은 하일레 셀라시에 황제가 한국전쟁에 파병된 에티오피아 부대에 친히 내린 이름으로 주어진 임무가 '강뉴'라는 단어의 두 가지 의미와 같다는 것을 상징적으로 말하고 있다.

강뉴의 첫 번째 의미인 '혼돈 상태로부터 질서 확립'이라는 견지에서 볼 때 강뉴부대는 상당한 성공을 거두었다. 1950~1951년 한국에서 일어난 상황을 잠시 생각해보라. 공산주의자들이 야기한 그 당시 한국의 혼돈을 깨닫게 될 것이다. 그리고 1952~1953년의 결과를 보면, 한국전쟁에서 유엔군의 이름으로 같은 이상을 위해 함께 싸웠던 16개 우방국의 병사들과 함께 이룩한 에티오피아 전사들의 성과를 아무도 부인하지 못할 것이다.

'격파하다'라는 강뉴의 다른 의미로 볼 때도, 강뉴부대는 대단한 성과를 거두었다. 에티오피아 강뉴부대는 당당히 유엔군의 일원으로 극동의 한 나라 대한민국과 자유세계에 도발한 공산 침략군을 격파하지 않았는가? 공산 침략군이 1950년 6월 25일 38선을 넘어 밀물같이 쳐들어왔던 때를 생각해보라. 그리고 1953년 7월 27일 휴전협정 문서가 서명되었을 때, 공산 침략군이 38선 이북으로 쫓겨난 점을 주목해보라. 이것은 공산도배가 격파된 것이 아니고 무엇이겠는가?

추천사

1951년 5월, 에티오피아 청년들이 지구 반 바퀴를 돌아 부산에 도착했습니다. 이후 3년 동안 에티오피아 황실 근위병 6037명은 253전 253승이라는 엄청난 전과를 올리며 대한민국의 자유와 평화를 지켰고, 안타깝게도 그 중 124명이 산화했습니다.

에티오피아의 용맹한 강뉴부대와 같이 목숨을 걸고 참전한 유엔 참전 용사들의 희생을 바탕으로 대한민국은 전쟁의 폐허를 딛고 눈부신 성장을 이룩할 수 있었습니다. 1950년대 1인당 50달러 수준이던 국민소득은 이제 2만 달러에 이르고 세계 10위권의 경제 규모를 갖추게 되었습니다. 도움을 받는 나라에서 도움을 주는 나라로 면모를 일신한 것입니다. 그리고 유엔군을 처음으로 파병한 나라에서 유엔 사무총장을 배출하기에 이르렀습니다.

2010년인 올해 한국전쟁 60주년을 맞아, 우리 정부는 국·내외 참전 용사들의 헌신에 감사하고 전후세대가 자유와 평화의 소중함을 마음깊이 간직할 수 있도록 다양한 사업을 추진하고 있습니다. 이 뜻 깊은 해에 에티오피아 참전군의 활약상을 알리는 《강뉴(Kagnew)》가 한국국제협력단 송인엽 박사의 노력으로 우리말로 번역 출간되었습니다. 대한민국과 에티오피아는 1963년 외교관계를 수립한 이후 우호협력관계를 증진하고 있습니다. 《강뉴》의 한국어 출간이 양국의 관계를 더욱 돈독하게 하는 계기가 될 것입니다.

2010. 6.

국가보훈처장 김양

11

for the Korean version of
Kagnew Batallion

Ethiopia and Korea are brothers
thanks to the efforts of
Kagnew in the 20th century and
KOICA in the 21st century.

Girma Woldegiorgis
President
the Federal Democratic Republic of Ethiopia

《강뉴》 한국어판 출간에 부처

에티오피아와 한국 사이에 20세기에는 강뉴부대의 활동이 있었고 21세기에는 한국국제협력단(KOICA)의 활동이 있기에 형제국이 되었습니다.

2010년 2월

에티오피아 연방민주공화국

대통령 기르마 월데기오르기스

에티오피아는 유엔군의 일원으로 한국전쟁에 참전한 아프리카의 대표적인 나라로 6037명의 정예부대를 파병한 참 고마운 나라이다. 지리상으로 멀리 떨어져 있지만 에티오피아와 더불어 여러 나라의 도움이 있었기에 우리나라가 전쟁의 폐허 속에서 분단과 냉전의 아픔을 딛고 오늘날의 경제발전과 민주주의를 이룬 모범국가 되었음을 잊어서는 안 될 것이다.

우리나라는 2009년 11월 25일 선진국 클럽인 경제협력개발기구(OECD)의 개발원조위원회(DAC)에 가입했다. 정부는 에티오피아를 개발원조의 중점 국가로 선정해 지원하고 있으며, 새천년개발목표(MDG)에 맞춰 한국전쟁 참전용사촌 등에 초등학교 건립, 식수개발, 모자보건, 참전기념비 건립 등 다양한 지원을 하고 있다.

한국전쟁에서 253전 253승의 맹위를 떨친 에티오피아 '강뉴부대' 전사들의 활약상을 직접 목격한 키몬 스코르딜스가 펴낸 책을 한국국제협력단의 송인엽 에티오피아 소장이 현지에서 발굴해 번역했다. 이 책을 통해 이제 안정적인 민주화와 세계 10위권의 경제력과 자주 국방력을 갖춘 우리나라가 국제사회, 개발도상국 특히 에티오피아와 같이 과거 우리에게 은공을 베푼 개발도상국들에게 무엇을 해줄 수 있을지 자문하게 한다.

2010년 2월

전 통일부장관, 국회의원 정동영

강뉴 전사들에게

산강 송인엽

하늘 처음 열리고
지혜 따라 내려와
시바 솔로몬 사랑
평화 속에 깊었네!

그 사랑, 그 평화 후예들
그 푸른 산하
그 비옥한 강토
씨미엔 정기 받아
온몸으로 지켰네.

발레산 목동들이여,
타나의 농군들이여,
아두아의 무사들이여,
아바이 아와쉬 쇼아 하라르 시다모 고잠 용사들이여,

1951년 4월 하고도 열 이튿날
그대들 모두 강뉴 전사로 다시 태어났으니……

북소리 크게 한번 울려라,

두둥둥, 가자,

저 머언 동방, 아침고요의 나라로!

그 고요 짓밟는 침략자

아비시니아 정의철퇴 맛보아라.

세계 평화 으깨는 자 박살내고

혼돈에서 질서를 세웠노라.

기울던 태극 바로 세우고

유엔의 깃발 옆에 초록 노랑 빨강

창공에 펄럭인다.

영원하리……

그대 이름 강뉴 전사들이여 !!!

1) 에티오피아 시바 여왕과 이스라엘 솔로몬왕(지혜)의 장자 메네리크 1세가 에티오피아 초대
   황제임
2) 씨미엔 : 아프리카 지붕이라고 불리며 에티오피아 최고봉
3) 발레산 : 에티오피아 고원지대(목장이 많음)
4) 타나호 : 에티오피아에서 제일 넓은 호수로 주변이 비옥하고 청나일강의 발원지임
5) 아두아 : 1896년 이탈리아 정예군 3만 명을 전멸시킨 곳
6) 아바이, 아와쉬, 쇼아, 하라르, 시다모, 고잠 : 에티오피아 각 지명
7) 아비시니아 : 에티오피아의 옛 이름
8) 초록 노랑 빨강 : 에티오피아 국기

Song to Kagnew Fighters

David SanGang Bullo Phoenix InYeup SONG

Sky opened in the beginning

Wisdom descended down along

Love of Sheba n Solomon

Deepened in peace······

That love's, that peace's descendants

So green land n river

So fertile soil

Have protected with all their bodies,

Being endowed with the spirit of Mt Simien.

Mt Bale shepherds.

Lake Tana farmers,

Adwa warriors,

Abay Awash Shoa Harar Sidamo Gojam soldiers,

On the day of April 12, 1951

You were all born again as Kagnew Fighters······

Beat the bass drum to the sky, Dudung—Dudung,

Let's rush in a jump

To the Far East, the Land of Morning Calm!

You, invaders against the Morning Calm,

Face an iron hammer of Abyssinians' justice.

We established the order out of chaos

Having crushed those inflicting world peace.

Flag of Green, Yellow and Red flutters in the blue sky

together with UN Banner

Having erected Falling Korean Flag.

Be forever!!!

The very thy name, Kagnew Fighters!!!

ዝማሬ ለቃኘው አርበኞች

በሳንጐንግ ቡሎ ፎኒ ዴቪድ ኢንዩፐ ሶንግ ተፃፊ
በነቢይ መኰንን ተተረጐመ

ሰማይ ተቀደደ
ውብ ጥበብ ወረደ።
የሳባ - ሰለሞን ፍቅር ተወለደ
በጥልቀተ - ሰሳም፣ ምድር ለመለመ...
ያ ፍቅር፣ ያ ሰላም፣ በአበው ልብ የጠና
ለምለም መሰክ፣ ፈሳሽ ወንዝ፣ ለም መሬት ያቀና
በሰሜን ተራራ፣ የመንፈስ ምሰሶ
ኮርቶ የቆመ ነው፣ የጀግኖች ደም ለብሶ!!

የባሌ ተራራ እረኞች መስክሩ
የጣና ሐይቅ ዳር እረኞች ንገሩ
የአድዋ ጀግና - አርበኞች፣ ቃል ኪዳን አኑሩ
የአባይ፣ አዋሽ፣ ሸዋ፣ ሐረር ሲዳሞ አምባ
ልባም ወታደሮች፣ አሻራችሁ ይትባ!!

በእለተ ሚያዚያ 12፣1951ዓ.ም፣
ለቃኘው ተዋጊ፣ ለቃኘው አርበኛ
ሰማይ ተቀደደ!
ያኔ ተወለደ!
መለከት ይነፋ
ነጋሪት ይጐሰም
ከበሮው ያስገምግም ...ግም ድም ...ድምግም!
ሩቅ ምስራቅ እንሂድ፣ ወደ ንጋት መንደር
የማለዳ እርጋታ፣ የማለዳ ሰላም፣ ወደሆነው አገር!

እላንት ወራሪዎች፣ የማለዳ ሰላም ይደፍርስ ያላችሁ
የአበሻ ፍርድ እንኩ፣ እሳት - እጅ መዶሻ፣ ይቅመስ እናታችሁ
ሊወር የመጣውን፣ ጠላትን ደምስሰን
ከትርምስ አብራክ፣ ሰላምን አበሰርን!!

አረንጓዴ ቢጫ... ቀይ ቀለም ረበበ
ሰማያዊ ሰማይ በጀግኖች አበበ
ከዓለም መንግሥት አርማ፣ ከህብረቱ ጋር
ወድቆ የተነሳው ኮርያ ባንዲራ
የቃኘውን ጀግኖች ይሰማል ሲጣራ
ዘላለመ እንዲኖር ስማቸው ሲያበራ!!

ጥቅምት 30/2002

1954년 6월 아프리카와 중동을 방문할 때 나는 여러 나라를 거쳤는데 그 중 에티오피아 왕국이 가장 기억에 남는다. 나는 그곳에서 영광스럽게도 하일레 셀라시에 황제를 알현했다. 우리 세대 사람들에게 하일레 셀라시에 황제라는 이름은 그가 1936년 이탈리아 침략군에 맞서 싸운 이래 20여 년 동안 특별한 의미가 있다. 우리는 그가 우수에 차 런던 거리를 배회하는 모습과 자국을 침략한 이탈리아군을 몰아내기 위해 제네바에서 열변을 토하며 국제사회의 지원을 요청하는 모습을 생생히 기억한다. 우리는 또한 그가 작은 나라의 황제이며 그의 나라가 역사상 침략군에 비해 열세인 적은 있으나 패배한 적이 없고 일시적으로 열세에 놓인 적은 있으나 한 번도 정복되지는 않은 나라라는 것을 잘 알고 있다. 에티오피아 국민과 같은 단결력과 용기만 갖고 있다면 한 나라의 역사가 바뀔 수 있다는 역사적 교훈을 우리는 에티오피아에서 배우고 있다.

1954년 6월 에티오피아 황궁을 방문한 미국 트루도 소장을 맞는 하일레 셀라시에 황제

내가 에티오피아 황제를 알현한 것은 각별한 의미가 있다. 왜냐하면 나는 한국전쟁 동안 황실근위대 병력을 지휘한 경험이 있고, 그때 셀라시에 황제의 용기가 그대로 병사들에게까지 이어져 있는 것을 경험했기 때문이다. 한국전쟁에

1954년 6월 황실근위대를 방문한 트루도 소장 기념사진. 앞줄 왼쪽에서부터 미국 대사 조셉 시몬손 박사, 트루도 소장, 근위대장 무루게타 불리, 아스파우 안다르게 중령

서 에티오피아 강뉴부대보다 더 잘 싸우고 더 용맹한 부대는 없었다. 그들은 전투에서 한 번도 후퇴한 적이 없고 임무를 완수했다. 그들은 무사히 때로는 부상당하거나 전사자가 있었지만 출동한 전원이 귀대했다. 그들은 전쟁 내내 포로 한 명 없었고 따라서 포로를 교환할 때 대상자가 한 명도 없었다는 영광스러운 진기록을 세웠다.

하일레 셀라시에 황제가 미국을 방문했을 때 나는 루스벨트 대통령으로부터 그의 수행무관으로 임명되었고 그래서 뉴욕 도착에서부터 워싱턴 방문을 거쳐 다시 뉴욕으로 돌아와 출국하는 그의 미국 방문 기간 동안 줄곧 황제와 같이 있었다. 그의 방문 기간 내내 미국 국민들이 보낸 열렬한 환영만 봐도 그가 세계적 지도자로서 얼마나 훌륭한 자질을 갖고 있으며 존경받고 있다는 것을 잘 알 수 있다. 국빈으로 방문한 외국의 원수를 14년 이상 모신 캐딜락 리무진 기사가 하일레 셀라시에 황제만큼 따뜻한 영접을 받은 분은 없었다고 나에게 말했다. 미국 국민이나 에티오

To my comrades in the imperial Bodyguard:
With very best wishes
Arthur G. Trudeau, Major General, U.S. Army.

에티오피아 황실근위대의 모든 동료 장병들에게 따뜻한 안부
의 말씀을 드리며 행운을 빕니다.

미국 육군 소장 아서 트루도

피아 국민이나 한결같이 셀라시에 황제를 통찰력과 용기 그리고 위대한
비전을 갖춘 지도자로 존경하고 있었다.

나는 각급 지휘관들에게 에티오피아 황실근위대의 용기와 책임감 그
리고 추진력을 배우라고 강조하고 있다. 왜냐하면 그러한 자질을 갖춘
지휘관은 그 휘하에 있는 장병들의 최고의 전투력을 응집할 수 있다고 믿
기 때문이다.

미국 합참의장보

소장 아서 트루도(Arthur Trudeau)

한국어판에 부치는 서문

 나는 중학교 시절 구약 성경(역대하9장)의 '시바 여왕이 솔로몬의 명예를 듣고 와서 어려운 문제로 솔로몬을 시험하자 솔로몬이 그 묻는 말을 다 대답하였더라'를 읽고, 지금부터 3000년 전의 최고 지성인이며 미인이었던 시바 여왕의 나라 에티오피아에 동경을 품고 있었다. 성장하여 국제협력단에 근무하며 오대양 육대주에서 일할 수 있는 행운을 가졌고, 마침내 한국전쟁 때 유엔군의 일원으로 우리를 도운 에티오피아에 자원해 2008년 8월부터 근무하게 되었다. 시바와 솔로몬이 사랑해 장남 메네리크 1세를 낳고 그가 에티오피아 제국의 초대 황제가 된 것을 알게 되었고, 이제 80이 넘은 한국전쟁 참전용사들을 많이 만나 그들의 전설 같은 무용담을 직접 들었다. 그리고 한국전쟁 당시 그리스 종군기자가 쓴 《Kagnew》를 밤 세워 읽고, 셀라시에 황제의 집단안보(Collective Security)를 통한 세계 평화에 대한 신념과 에티오피아 용사들의 충성심과 용맹함에 전율하며 이것을 부모세대가 일군 물질의 풍요 속에서 불과 반세기전의 쓰라린 역사를 잊고 지내는 우리 젊은이들에게 꼭 전하고 싶었다. 강뉴 용사들이 전투에 임해서는 '이길 때까지 아니면 죽을 때까지(Until We Win or Die)' 싸운 감투정신이나 '하나는 전체를 위하여, 전체는 하나를 위하여(One for All, All for One)'라는 군인정신은 비단 전쟁에서 뿐만 아니라 모든 생활전선에서 통용될 수 있는 귀중한 교훈이기 때문이다.

에티오피아가 1974년부터 1991년까지 공산화되면서 사회 인프라가 무너지고 경제가 낙후되었지만, 우리 한민족과 같이 평화를 사랑하는 민족으로 900여 차례의 외침을 모두 막아내며 3000년의 역사를 지닌 독립

국이며, 아프리카에서 유일하게 고유 문자를 갖고 있는 문화국이고, 날씨가 연중 온화하며, 아름다운 강산은 우리가 흔히 생각하는 아프리카와는 사뭇 다르다. 아프리카의 지붕이라고 불리는 씨미엔 고원이 있는 가하면 경기도보다도 넓은 타나 호수를 비롯한 아름다운 호수가 수없이 많다. 또한 커피의 원산지로 세계 애호가들로부터 사랑받고 있으며, 로마와 도쿄올림픽에서 마라톤 2연패를 이룩한 맨발의 비킬라 아베베(Bikila Abebe, 1932~1973) 선수는 우리에게 전설로 남아 있고 유일하게 2시간 3분대에 주파한 게브르 셀라시에 선수는 지금도 현역으로 뛰고 있다. 또한 AU 본부와 UNECA, 108개 국가의 상주 공관이 있는 아디스아바바는 아프리카의 수도라고 불리는 외교 강국이기도 하다.

불행이도 우리를 도운 에티오피아가 가뭄과 기아로 언론에 오르내리고 있다. 그래서 한국국제협력단(KOICA)이 그들의 경제 사회 발전을 돕기 위하여 활동하고 있고 또 많은 민간 단체들이 이곳에서 여러 봉사활동을 펼치며 양국의 우호관계를 증진시키며 우리가 은혜를 잊지 않는 민족이라는 것을 세계에 알리고 있다. 한국전쟁 발발 60주년을 맞이한 금년에 한국전쟁에서의 세계평화를 위한 강뉴부대의 활약상이 에티오피아에서 재조명되고 있는 것에 맞추어 우리나라에서도 《강뉴》 한국어판 발간이 혈맹인 한국과 에티오피아와의 관계가 더욱 강화되고 우리나라가 세계평화에 기여하는 나라로 나아가는 데 도움이 되기를 바라마지 않는다.

2010년 6월
에티오피아 아디스아바바에서
산강 송인엽

2판에 부치는 서문

《강뉴》 초판이 나온 직후 에티오피아 황제가 미국 캐나다 멕시코를 순방했다. 황제가 북미대륙을 방문하는 것 자체가 역사적인 일이다. 하일레 셀라시에 1세 황제가 세계 평화를 위한 집단안보를 맨 처음 주창하고 이를 강력히 지켜온 지도자라는 것만으로도 그의 이번 방문은 특별한 의미를 갖고 있다. 자유세계가 집단안보의 기치 아래 한국에서 싸웠던 단합된 행동을 만족스럽게 평가하는 시점에서 그가 방문하게 된 것은 위대한 황제의 오랜 숙원이 현실화되었다는 차원을 넘어 그가 1936년 국제연맹에서 받았던 수모에 대한 적절한 예우이기도 했다. 시카고의 한 유력지는 사설에서 "시카고를 방문한 어느 정치 지도자보다도 세계 평화를 향한 경륜에서나 용기에서 탁월한 하일레 셀라시에 황제"라고 평했다.

셀라시에 황제는 아이젠하워(Eisenhower) 대통령 내외의 국빈으로 1954년 5월 26일 워싱턴에서 7주 동안의 여정을 시작했다. 황제는 미국에 머물면서 미국 상하 양원 합동회의에서 연설, 텔레비전 대담프로그램 출연과 국립현충원에서 헌화를 했고 하버드대학에서 명예 법학박사 학위를 수여받았다. 그는 후에 콜롬비아대학과 미시간대학에서 명예박사 학위를 수여받기도 했다.

황제는 6월 1일에 뉴욕 유엔본부를 방문했다. 황제가 18년 전 국제연맹에서 이탈리아 파시스트의 침략에 맞서 집단안보 정신을 발휘하여 지원해줄 것을 호소했을 때 모든 열강들이 들은 체도 하지 않던 것을 생각하며 황제는 만감에 젖어 국제연합에 들어섰다. 국제연합 사무총장 하마슐드(Hjalmar Hammarskjold)가 황제를 영접하며, "폐하는 국가간 단합된 행동으로 국제안보와 세계 평화를 이룩하려는 인류의 역사에 우뚝 선 선

각자요 예언자입니다"라고 인사하고 유엔 결의안에 부응하여 한국의 침략자를 격퇴하기 위해 유엔군을 파견한 황제와 에티오피아 국민에게 사의를 표했다.

다음날 황제는 국가적 영웅에게 상응하는 뉴욕 시민의 공식 환영행사를 받았다. 카퍼레이드가 벌어진 브로드웨이에는 100만 이상의 시민이 열렬히 환영했고 모든 교회의 종들이 울렸고 사제들과 목사들은 성당과 교회의 계단에서 인사를 올렸다. 황제는 기자회견에서 에티오피아에는 이렇다 할 공산당의 준동이 없다고 밝혔다.

미국의 중부와 남서부를 방문하며 황제는 미네소타대학, 오클라호마 농업대학, 전형적인 농장, 육류처리공장, 자동차공장과 수력발전소 등을 시찰했다. 황제의 주요 관심사는 교육 분야로 에티오피아 청소년을 미국에 유학시키는 것과 미국의 교육제도를 에티오피아에 적용시키는 것에 집중하였다. 황제가 미국을 방문한 목적은 교육과 관광이었으며 그 중에서도 중요한 것은 그가 미국에서 보고 배운 것을 에티오피아에 갖고 돌아가 최근 눈부시게 발전하고 있는 에티오피아를 한 단계 더 발전시키고자 하는 것이었다.

셀라시에 황제는 역사상 누구보다도 더 에티오피아의 국익을 극대화시킨 인물이다. 그를 만난 사람은 누구나 그의 인품에 매료되었다. 공정하고 정의롭고 성실한 황제는 범세계적인 문제를 처리하는데 그의 나라가 점점 더 중요한 역할을 하도록 이끌었다.

미국 태평양 연안 지역에서는 군병원을 방문하여 한국전쟁에서 부상당한 미국 장병들을 위문하고 자유와 정의 그리고 평화를 위해 그들과 함께 싸웠던 강뉴부대 전사들의 전설 같은 무용담을 이야기했다.

조지아주 포트베닝에서 보병학교 부대를 사열한 황제는 훈장과 상아

트로피를 수여하고, 한국전쟁에서 미국과 에티오피아가 한국과 세계 평화를 위해 함께 싸운 혈맹관계를 강조했다. 한국전쟁에서 황실근위대가 이룩한 혁혁한 전공에 대하여 황제는 무한한 자부심을 갖고 있었다. 한국전쟁에서 강뉴부대 전사들은 한명의 포로도 발생하지 않았다. 강뉴부대 전사들은 전투에서 세가 불리해도 죽기까지 싸웠지 결코 생포되거나 항복하지 않았다.

에티오피아는 유엔 이념과 세계 평화를 위한 집단안보를 가장 신봉하는 나라이다. 에티오피아는 황제의 표현대로 유엔을 전폭적으로 신뢰하고 지지하는 나라들의 선두에 서 있는 나라이다. 그 사실은 한국전쟁이 휴전협정을 맺고 휴전에 들어간 기간 중에도 강뉴부대 4진을 한국에 파견한 것만 봐도 알 수 있다.

하일레 셀라시에 황제의 미국 방문으로 에티오피아에 대한 세계적 관심과 황제에 대한 예우가 미국이나 유럽에서 폭발적으로 증가함에 힘입어 이 책의 2판을 발행하게 되었다. 1판이 인기리에 판매되고 도서관과 학교에서 수요가 계속 이어졌다. 강뉴부대는 에티오피아와 에티오피아 국민을 세계에 잘 알리는 역할을 계속할 것으로 기대된다. 이 2판은 1판에 강뉴부대 4진의 활동을 추가하는 것에 그쳤다. 여러 친구들의 도움과 격려가 이 책의 집필에 큰 힘이 되었음을 밝혀둔다.

1954년 12월
일본에서 키몬 스코르딜스

내가 이 책을 쓰는 목적은 극동에 위치한 대한민국에서 1950년부터 1953년까지 공산 침략군에 맞서 여타 자유 우방국과 함께 싸웠던 주한 에티오피아군 전사들의 활동을 할 수 있는 한 가장 정확하고 자세하게 세계만방에 알리고자 함이다.

이 책의 주요 내용은 한국전쟁에 참전한 에티오피아 장병들의 전투 기록이다. 이 사실들은 내가 한국전쟁 종군기자로 활동하면서 심혈을 기울여 취재한 것과 정부 공식기록 그리고 당시 언론 보도 내용을 토대로 한 것이기 때문에 신뢰할 만하고 생생한 기록이다.

이 책이 세계 평화를 지키고 증진시키고자 여러 자유 우방국이 힘을 합쳐 싸운 한국에서의 전투 기록을 있는 그대로 기록해야 할 미래의 역사가들에게 도움이 되기를 바란다.

한국에서의 에티오피아 전사들의 활동을 증언함에 있어서 나는 '집단안보'에 대하여 언급하지 않을 수 없다. 왜냐하면, 강뉴부대는 처음 부대 편성 때부터 집단안보와 직접적인 관련이 있기 때문이다. 그리고 집단안보 정신으로 우방의 자유를 지키기 위하여 주저 없이 조국 에티오피아를 떠났다.

에티오피아는 인류 평화를 보장하는 가장 확실하고 이상적인 수단으로 집단안보를 생각하고 있다. 이 나라는 집단안보 정신이 결여되어 1935년부터 이탈리아에 의해 5년 동안 점령되었던 뼈아픈 경험을 가졌기 때문이다. 결과적으로 이 집단안보의 결여가 제2차 세계대전 발발의 중요한 한 원인이 되었다.

이 책을 쓰는 1954년 이 순간에도 우리 인류의 앞날에는 위험이 도사리고 있다. 제3차 세계대전의 그림자가 동양에도 서양에도 드리우고 있다. 불확실한 미래 때문에 자유를 사랑하는 사람들은 생업에 전념하지 못하고 불안에 떨고 있다. 전쟁의 위협이 있는 한 문화는 발전하지 못하고 정체되지 않을 수 없다.

자유와 평화를 사랑하는 자와 민주국가를 위협하는 세력은 늘 있었고 앞으로도 있을 것이다. 제2차 세계대전 때의 적과 1954년 현재의 적은 다르다. 자유 애호민에게 오늘의 적은 셀라시에 황제가 1950년 6월에 갈파한 바와 같이 공산주의이다.

공산주의는 근본적으로 불안정하고 신뢰할 수 없다. 그 근본 이론과 실제는 평화와 민주주의를 가장하여 폭력 혁명으로 세계를 지배하는 것이다. 그들은 공개적으로는 침략전쟁을 부인한다. 중공군이 개입한 한국전쟁을 보라. 모든 중공군이 현대무기로 무장하고 심지어 미그 전투기까지 동원하면서 그들은 모든 중공군이 자발적인 의용군이라고 주장하지 않던가? 그러나 모든 자유세계는 다 알고 있다. 그들은 모두 강압적으로 징발된 공산군이라는 것을.

공산주의 신조는 목적을 위해서는 거짓말도 신의를 저버리는 것도 마다하지 않는다. 이 새로운 적은 그가 믿는 바와는 상반되게 주장하고 그가 약속한 바와는 다르게 행동한다. 즉 목적을 이루기 위해서는 순간마다 말과 행동을 달리한다. 세계를 정복하고자 하는 목적에 도움만 된다면 공산주의자들은 어떤 자와도 기꺼이 손을 잡는다.

공산주의자들이 세계를 정복하고자 하는 또 하나의 수단은 다른 나라의 경제를 혼돈상태로 부추기는 것이다. 그러기 위해서 서방국가에서 암약하고 있는 자기 세력을 동원하여 파업과 내부 교란을 선동한다.

민주주의에 대한 새로운 적인 공산주의는 최근의 나치나 파시스트보다도 더 위험하다. 그래서 자유 서방국가는 단합하여 공산주의에 대해서 더 경계하고 대처해야한다. 세계의 모든 자유 애호민의 자유와 평화를 지키겠다는 단합된 결의만이 공산주의를 효과적으로 대처하는 수단이 다. 세계 평화를 위협하는 무장 세력을 퇴치하는 유일한 방법은 집단안 보 태세를 굳건히 하는 길 뿐이다.

강뉴부대를 한국에 파병시키면서 셀라시에 황제가 행한 연설의 한 대 목을 들어보자. "우리 에티오피아가 항상 추구하고 있는 세계 평화를 위 한 집단안보라는 이 신성한 세계정책을 실현하고 보호하기 위하여 귀 장 병들은 오늘 장도에 오르는 것이다." 하일레 셀라시에 황제는 평화주의 자이며 불세출의 집단안보 주창자이지 않은가?

한국전쟁에 참전한 에티오피아 강뉴부대 전사들의 사기와 임전무퇴 정신은 어느 시대 어느 부대원보다 드높았다. 전투에 참가한 첫날부터 강뉴부대원들은 파견되기 전 강도 높은 훈련을 이겨낸 병사답게 용맹성 을 유감없이 발휘했다. 진지를 지킴에 있어서 열정을 가슴에 품으면서도 신중하게 공격함에 있어서는 과감하고 용감하게 행동하여 항상 완벽하 게 목적을 수행했다. 그래서 적의 어떠한 공격에도 한 발도 물러서지 않 았고 한번 장악한 땅은 한 뼘도 다시 빼앗기지 않았으며 작전지역을 완벽 하게 장악했다.

한국에 전투부대를 파병함으로써 에티오피아는 자유와 평화 그리고 민주주의에 대한 확고한 신념과 유엔에 대한 믿음을 만방에 알림은 물론 병사들의 용맹성과 선진국에도 결코 뒤지지 않는 현대적인 군대를 지니 고 있다는 것을 대내외에 과시하였다. 한국전쟁에서 모든 유엔군이 겪은 과업은 성공적이었다. 그중에서도 에티오피아군이 이룩한 업적은 탁월 하다. 한국전쟁을 통해서 에티오피아는 국제평화와 안보를 담당할 충분한 군사력을 보유하고 있다는 것을 증명했다.

공격이나 방어에 있어서 에티오피아군이 실패했다는 기록은 어디에도 없다. 그 이면에는 피나는 훈련이 있었고, 끊임없는 승리로 그들은 환하게 웃을 수 있었다. 이 책의 부록에도 나오지만 미국 군당국의 수많은 공식 기록문서가 강뉴부대의 뛰어난 전투력과 에티오피아군의 가치를 생생히 증언하고 있다.

내가 에티오피아 강뉴부대의 활약상을 듣고 읽고 무엇보다도 내가 한국전쟁 최일선에서 직접 목격했기 때문에 에티오피아군의 세계 평화에 대한 공헌도를 증언하기 위하여 엄숙한 사명감으로 이 책을 쓰게 되었음을 밝힌다.

1953년 7월 한국에서

키몬 스코르딜스

차례

제1부 서장

제3부 종장

부록

서장

"사랑하는 나의 장병 여러분, 먼 이역 땅에서 싸우기 위해 여러분은 오늘 조국 에티오피아를 떠납니다. 그 싸움은 대한민국과 에티오피아의 자유를 지키기 위한 것일 뿐만 아니라 자유를 사랑하는 모든 사람의 권리를 지키기 위한 것입니다. 이것은 여러분이 조국을 대표해서 지구 저편 한국 땅에서 오늘날 국제정치에서 가장 신성한 이념을 지키는 싸움을 하기 위한 출정입니다. 그 이념은 세계 평화와 개인 자유를 보장하는 집단안보 정신이며 바로 우리 에티오피아인이 영원히 수호해야 할 원칙입니다."

에티오피아 황제
하일레 셀라시에 1세

제 1 장
대의를 위한 십자군

1951년 5월, 구리색 피부에 크고 건장하며 사명감에 눈이 형형한 일단의 사나이들이 공산 침략군에 의해 부당하게 공격당한 대한민국 국민을 지키기 위해 부산에 도착했다. 이 전사들은 머나먼 아프리카에서 생애 첫 긴 항해 끝에 지구를 반 바퀴 돌아 왔다. 미지의 나라에서 싸우기 위해 조국을 한 번도 떠난 적이 없는 그들이지만 전형적인 무인답게 아무 말 없이 그들의 숭고한 사명을 잘 알고 있었으며 그것을 이루겠다는 결의로 충만했다. 이 성실한 전사들이 바로 영광스러운 영웅의 땅 에티오피아 장병이었다.

이 먼 나라를 위하여 1만 4500킬로미터를 달려온 이들의 목적은 무엇인가? 그들은 전쟁광도 아니고 용병도 아니다. 그들은 평화스러운 기독교국 국민들이다. 한국전쟁에 참전하는 에티오피아 전사들의 목적은 세계 평화를 위한 집단안보 정신에 입각한 대의를 위해 십자군에 동참하고자 하는 것뿐이었다. 에티오피아 전사들은 오직 그 일념으로 한국에 왔다.

약 한 달 전 그들의 조국 에티오피아 아디스아바바에서 거행된 그들의 장도를 기원하는 뜻 깊은 출정식 때 하일레 셀라시에 황제는 그들에게 다음과 같이 훈시했다.

"오늘 그대들은 우리가 그렇게 오랫동안 지켜왔던 대의를 지키기 위하여 대장정을 떠나는 것이다. …… 정확히 15년 전 4월에 그대들의 통수권자이며 황제인 나는 전장에서 국제연맹을 향해 피맺힌 절규―집단안보의 원칙을 존중해서 우리를 지원하여 줄 것―를 보냈노라. 그러나 정확히 15년 전 오늘 국제연맹은 집단안보 원칙을 지키지 못한다고 최종적인 발표를 했었노라. ……

한국의 피침에 대응하여 국제연합(UN)이 결정한 집단안보의 호소를 아무 주저함이 없이 우리 에티오피아가 받아들임으로써 우리는 우리 자신과 우리의 책무에 할 바를 다한 것이다. 그리고 그것은 세계시민으로서 시대를 뛰어넘는 가장 신성하고 엄숙한 우리의 의무임을 명심하라. ……

나의 사랑하는 에티오피아 장병들이여, 이것을 꼭 기억하라. 이 땅을 되찾은 것은 우리 선열들의 피뿐만 아니라 우리를 도왔던 자유 우방국들의 도움도 있었다는 사실을."

이 몇 마디의 말이 에티오피아가 한국전쟁에 참전한 이유를 충분히 설명한다. 그러면 에티오피아에 어떤 일이 발생했던 것일까? 왜 셀라시에 황제는 그러한 말을 출정식에서 했을까? 그것은 정확히 어떤 뜻이었을까?

2차 세계대전이 끝난 지 얼마 되지 않은 1950년 6월 25일 공산군이 한국을 침략했다는 소식이 전해졌다. 이 소식은 평화를 애호하는 민주

국가들을 놀라게 했다. 민주 진영은 이 한국전쟁이 단순한 사고나 국지전이 아니고 인류에 어떤 결과를 가져올지 예측할 수 없는 치밀히 조직되고 계획된 도발이라고 우려했다. 몇 개월 뒤 중공군이 한국전쟁에 개입함으로써 민주 진영의 우려는 현실로 나타났다. 북한의 침략은 극동을 적화시키겠다는 공산당의 과도한 야심의 시작에 불과하다는 사실이 확인된 것이다.

세계 평화와 안보를 지키겠다는 유엔의 목적을 잘 알고 있는 유엔 회원국들은 공산 도발을 응징하겠다는 즉각적인 조처를 취했다. 1차 강력한 경고에 이어 자유 진영은 세계 평화와 자유를 지키겠다는 의지를 분명히 밝히고 무장한 유엔군이 공산군을 향해 진군했다. 한국전쟁 발발 후 유엔군이 출동하기까지 일련의 조처들을 간단히 살펴보자.

1950년 6월 25일 일요일 새벽에 북한 공산군(조선인민군)은 열세의 남한을 향해 무차별 포격을 감행한 후 38선을 넘어 남한을 침공했다. 유엔 안전보장이사회가 즉각적으로 열려 북한에게 전투 행위를 전면 중지하고 6월 25일 이전 위치인 38선 이북으로 철수하라고 결의하고 북한에 통보했다. 그러나 북한 침략군은 일체 대답치 않고 병력을 더욱 증강하며 남한 깊숙이 침략해왔다.

전쟁 개시 2일 만에 옹진반도를 점령한 공산 침략군은 6월 29일에는 한국군이 철수한 수도 서울을 점령했다. 공산군의 막강한 화력에 밀린 한국군은 서울을 포기하고 한강을 저지선으로 퇴각했다. 전력에 밀린 한국군은 한강의 지리적 이점을 이용하려 했다. 북한군은 오래전부터 전쟁을 준비했기 때문에 병력이나 장비가 한국군보다 월등했다. 한국군은 한강마저도 포기하게 되고 공산군은 공격을 가속하여 서울 남쪽인 수원마저 함락시켰다.

이에 맞서 유엔은 회원국들에게 공산군을 격퇴할 수 있도록 한국에 유엔군을 파병할 것을 요청했다. 7월 초 유엔군이 한국에 도착하기 시작했으며, 유엔군으로서 처음 도착한 부대는 미국 육군 24사단이었다. 유엔 역사상 분쟁지역에 파병된 최초의 유엔군이다.

1950년 7~8월의 상황은 다음과 같다. 북한군은 계속 전선을 강화하여 정규군만 총 9개 사단이 일선 공격에 가세하여 대구 외곽까지 점령하며 마지막 공세를 기울여 대구와 부산까지도 점령할 위세였다. 이때까지 한국에 도착한 유엔군 3개 사단은 한국군과 함께 부산을 사수하기 위해 혈전을 벌이며 침략군의 공세에 맞서고 있었다. 이때가 한국전쟁 중 가장 위험한 순간이었으며 공산군의 부산 점령은 한국군과 유엔군의 패배를 의미하게 되는 상황이었다.

이 절체절명의 위급한 상황을 반전시킨 것은 더글러스 맥아더 (Douglas MacArthur) 유엔 총사령관의 인천상륙작전이다. 그것은 일찍이 전쟁사에서 유례를 찾아볼 수 없는 육해공군 연합작전으로 지상 최대의 군사작전이다. 유엔군의 함포 사격 엄호 아래 해병대 병사들이 9월 15일 인천항에 상륙했다. 공중에서도 전투 비행단의 공중 사격이 가세했다. 한국군과 유엔군은 서울 이남으로 내려온 공산군의 보급로를 끊었다. 이에 당황한 공산 침략군은 서울 대구 부산에서 한국군과 유엔군의 공세에 쫓겨났다.

북한 공산군의 패색이 짙어지자 만주에 집결한 중공군이 국경선인 압록강변으로 이동하여 한국전쟁에 개입할 준비를 하였다. 한국군과 유엔군이 압록강을 향하여 북진을 계속하던 10월 24일 중공군 30개 사단은 전투 준비를 마치고 있었다. 마침내 중공군은 10월 26일 야음을 틈타 압록강을 건너와 총공격을 개시했고 인해전술에 밀려 한국군과 유엔군

9개 사단은 남쪽으로 퇴각하지 않을 수 없었다. 중공군의 인해전술에 맞서 치열한 공방전을 벌인 유엔군은 양쪽에 수많은 사상자를 남기고 크리스마스이브에는 북한 전역에서 퇴각해 38선 이남으로 임시 전선을 형성했다.

이즈음 외교 채널을 통해서 정전회담이 이루어졌지만 성사되지 못했다. 1950년 12월 31일 공산군은 총공격을 감행했고 1951년 1월 4일 서울은 또다시 공산 침략군에 의해 점령되었다. 중공군의 개입으로 사태가 악화되자 유엔은 유엔군을 강화하기로 결의하고 회원국에 동참을 호소했다. 이에 세계 평화를 수호하자는 유엔의 결의를 받아 들여 한반도의 공산 침략군을 물리치기 위하여 여러 나라들이 동참했다. 에티오피아가 그중에 한 국가였다.

제 2 장

에티오피아

아프리카 북동쪽에 자리 잡아 '아프리카의 뿔(the Horn of Africa)'이라고 불리는 에티오피아는 동쪽으로 프랑스령 지부티와 영국령 소말리아, 남쪽으로 케냐, 수단과 국경을 맞대고 있다. 북쪽으로는 에티오피아 내의 자치국인 에리트레아를 지나 홍해와 통하고 있다. 면적은 125만 제곱킬로미터에 인구는 1500만 명으로 역사적으로 용맹한 민족이다. 수도는 새로운 꽃을 의미하는 아디스아바바이며 아름다운 도시로 아프리카의 파리로 불린다.

에티오피아는 대부분 해발 1500~1800미터가 넘는 산악국가이다. 가장 높은 산은 아프리카의 지붕으로 일컬어지는 씨미엔고원 지대에 있는 라스다센산으로 4620미터이다. 연중 쾌적한 날씨에 그림 같은 호수와 계곡 등 뛰어난 산하의 아름다움으로 일찍이 아프리카의 스위스라고 불렸다. 많은 강과 풍부한 호수가 있어 땅은 비옥하고 그중 가장 넓고 유명한 호수는 타나호수로 넓이가 자그마치 3673제곱킬로미터이다. 에티오피아의 북서쪽에 위치한 타나호수는 청나일강에 물을 흘려보내 수단, 이집

에티오피아 국기의 3가지 색은 에티오피아인에게 중요한 의미가 있다. 맨 아래 초록색은 국토의 비옥함과 자원의 풍부함을 상징하며, 가운데 노란색은 에티오피아 방방곡곡에 피어나는 야생화로 희망을 나타내며, 위쪽의 빨강색은 자유를 지키기 위해 산화한 에티오피아 영웅들의 피를 상징한다. 이 국기를 통해 황실근위대로 한국전쟁에 참전한 강뉴부대가 성취한 에티오피아 용사들의 영광을 드높이 휘날리고 있다.

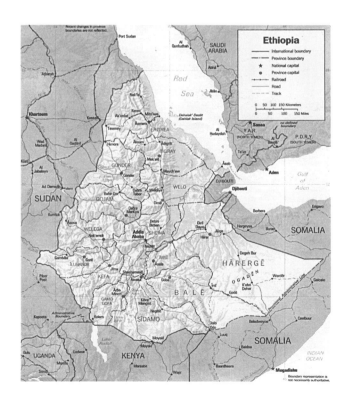

트를 거쳐 지중해에 이르는 나일강의 주된 수원이다.

선선한 기후, 비옥한 토양 풍부한 강수량이 어우러져 농업국가로서 조건을 두루 갖췄다. 푸르름으로 가득 찬 울창한 숲 등은 아프리카에서 쉽게 찾아 볼 수 없는 환경이다. 밀·보리·옥수수·테프 등의 곡물과 주된 수출품인 커피가 주 농작물이다. 커피라는 이름의 유래인 카파 지방과 하라르에서 양질의 커피가 생산된다. 소·양·염소·말·노새·당나귀 등의 목축이 왕성하여 가죽제품의 수출도 상당하다.

사자·표범·판다·코뿔소·하마·악어 같은 야생동물들이 남부 저지대에 많이 서식하고 있다. 특히 에티오피아 코끼리는 세계에서 키가 가장 큰 것으로 유명하며 상아는 60킬로그램이 넘고 사람 키보다 크다.

에티오피아는 세계에서 가장 오래된 역사를 갖고 있는 나라 가운데 하나이기도 하나 그 역사는 짙은 장막이 드리워져 있다. 에티오피아 첫 번째 이주민은 기원전 3000년 무렵의 햄족이며 2000년 뒤인 기원전 1000년 무렵에 셈족이 이주해온 것으로 알려져 있다. 두 민족 모두 에리트레아를 경유해서 에티오피아로 온 것으로 추정된다. 고대 에티오피아의 수도였던 악숨에서 발굴되는 많은 유물들이 기원전에 꽃을 피웠던 에티오피아 고대문명을 증언한다. 악숨 왕조는 4세기 초에 기독교를 받아들였으며 그 결과 에티오피아는 오늘날까지 지리·경제·역사적으로 유럽과 깊은 관계를 유지하고 있다.

또한 악숨 왕조는 모하메드가 박해를 받아 메디나로 피신하던 무렵 모하메드의 제자들을 잘 대접해주어 무슬림 제국과도 좋은 관계를 지니고 있다. 에티오피아 역사에서 중세에 이르는 동안 북부 에리트레아를 포함하여 에티오피아는 이스라엘의 솔로몬 혈통의 왕국이 이어졌다. 예크노 암락(Yekuno Amlak, 1270~1285), 암데 찌온(Amde Tsion, 1314~1340), 자라 야콥(Zara Yakob, 1433~1468) 등의 왕이 그러하다. 이러한 위대한 전통과 문화 덕분에 16세기 모하마드 그란 장군이 이끄는 이슬람의 침공을 막아낼 수 있었다.

에티오피아는 로마제국보다도 더 빠른 4세기 초부터 기독교 국가의 전통을 이어오고 있다. 황제로서는 터키 티로스에서 온 프루멘티우스(Frumentius) 사제에 의하여 기독교에 귀의한 아이주비(Aijoubi)왕이 첫 번째이다. 기원전 3000년부터 나일강 남부 상류에 터를 잡은 에티오피아는 역사가 깊은 나라로 이슬람 세력 등 수많은 외침을 물리치고 독립과 기독교 신앙을 지켜왔다. 이집트의 콥틱 교회가 에티오피아 역사에 많은 영향을 끼쳤다. 중세 유럽의 교회보다도 콥틱 교회가 정치제도나 에티오피아 일상생활에 깊이 침투했다. 이집트인이 수백 년 동안 알렉산드리아 교구로부터 에티오피아를 관할하는 교구장으로 임명되었으나 현재는 에티오피아인이 교구장으로 임명받는다. 에티오피아를 방문하는 외국인은 교회가 도처에 있고 많은 사제들이 존경 받는 것을 바로 알게 된다.

에티오피아는 오랜 역사 속에서 수많은 외침을 물리치며 영토와 국민의 자유를 지켜왔으며, 한 번도 적에게 영토를 완전히 빼앗긴 적이 없음은 놀라운 일이다. 그 이유로 에티오피아는 자랑스럽게 '자유민의 땅(the Land of Freed Men)'이라고 불린다.

1930년 정식 황제로 즉위한 하일레 셀라시에 황제는 정부 조직을 개혁하여 민주주의와 중앙집권적인 헌법을 선포했다. 1931년 헌법으로 모든 에티오피아인은 법 앞에 평등하고 모든 공직에 피선거권을 갖게 되었고, 1942년에는 황제대법원, 고등법원, 주법원, 지방법원을 갖춘 현대식 사법제도를 도입했다.

현대식 행정제도를 도입하고 헌법 테두리 안에서 각료를 임명하게 된 것이 가장 근본적인 개혁이었다. 1943년 칙령에 의하여 다음과 같은 행정 기구가 발족되었다. 통신공공부, 교육예술부, 농공상부, 내무부, 외무부, 재무부, 국방부, 문화부, 법무부, 체신부 등. 최근에는 통신공공부 산하에 황실청, 국회, 교도소, 병원, 항공청, 방송국을 재정비했다.

수백 년 동안 에티오피아에서는 교회와 수도원이 교육을 담당해 왔으나, 1908년 메네리크 2세(Menelik II) 황제가 영어를 가르치는 국립학교를 설립했고, 1928년에 하일레 셀라시에는 자신의 원래 이름을 따서 '테페리 메코넨 학교'를 설립했다.

유망한 소년들을 선발하여 해외로 유학을 보냈고 돌아온 유학생들을 전문지식을 필요로 하는 정부의 중요한 자리에 등용했으며, 이들은 에티오피아의 근대화에 크게 기여했다. 불행히도 에티오피아의 많은 유능한 인재들이 1935~1940년 이탈리아 점령 기간 중 학살되었다. 그래서 1940년 이탈리아로부터 해방 뒤 에티오피아는 공교육을 확대하기 위하여 심혈을 기울이고 있다. 최근 에티오피아는 지정학적인 불리함을 극복하고 셀라시에 황제의 영도하에 비약적인 발전을 하고 있다.

새로운 꽃이라는 의미에 걸맞게 아디스아바바는 정말 아름다운 도시이다. 인구가 꾸준히 증가하여 최근 40만 명에 달했다. 해발 2438미터에 위치하여 산으로 사방이 둘러싸인 아디스아바바는 에티오피아의 문화 경제 행정의 중심으로서 모든 기능을 다하고 있다. 아디스아바바로로부터 사통팔달의 도로가 모든 주요 도시로 잘 정비되어 있음은 물론 황실, 모든 정부기구와 방송국 등의 주요 시설이 이곳에 있다. 아디스아바바는 병원, 약국, 의료연구소, 풍토병 시설, 의약품 창고 같은 공공 의료시설 확충 계획을 시행중이다.

2차 세계대전 이후에 1946년의 에티오피아 항공사 및 1947년 해운사의 설립으로 교통, 수송 및 우편 발달에 획기적 전기를 맞아, 국내 전 지역으로 빠른 시간 안에 우편 수송이 가능하게 되었고 에티오피아 항공사는 주요 10여 개국에 직항 노선을 운행하고 있다.

전후 에티오피아의 가장 큰 문제는 이탈리아 식민지들을 이탈리아의 영향으로부터 떼어 놓고 자국의 안보를 위하여 그들을 동화시키고자 하는 것이다. 이탈리아가 소말리아를 계속 영향 아래에 두려는 시도는 에티오피아로부터 의심을 사고 있다. 왜냐하면 1935년 이탈리아가 아디스아바바를 침공할 때 이미 소말리아를 전초기지로 이용한 역사적 사실이 있기 때문이다. 에티오피아의 반대에도 불구하고 유엔 총회는 소말리아에 대한 이탈리아의 신탁통치를 의결했다. 1942년 1월 1일 유엔 창립 선언서에 서명을 하고, 1945년 6월 25일 샌프란시스코에서 유엔의 창립 회원국이던 에티오피아는 이탈리아의 식민지였던 에리트레아와 소말리아에 대한 주권을 강하게 주장했지만 반영되지 않았다. 앞으로 에리트레아에 대한 유엔의 조처는 에티오피아의 해양 진출과 맞물려 있기 때문에 매우 중요한 현안이다.

에티오피아도 참석한 연합국과 동맹국 간에 1947년 조인된 평화조약에서 에티오피아는 완전 독립국으로 인정받았다. 유엔 창립회원국이 된 것은 에티오피아의 독립과 자주권에 상당한 의미를 갖고 있다. 에티오피아는 이제 서구 열강의 침략으로부터 완전히 벗어나 국민과 영토에 대한 확고한 장악력을 갖게 되었다.

에티오피아 국민은 평화를 사랑하는 민족이며 지금까지 침략전쟁을 일으키지 않았다. 그러나 자기 영토와 국가통합을 지켜야 한다는 소명이 있을 때에는 주저함 없이 영웅적으로 싸웠다. 고대로부터 면면히 이어온 이 자랑스러운 후예가 바로 강뉴부대 전사이다.

제 3 장

에리트레아

에리트레아는 에티오피아의 독립과 영토 확보를 위한 역사적 투쟁에 관심 있는 사람에게 아주 흥미로운 땅이다. 오늘날에도 에리트레아 거주자의 반은 에티오피아인이다. 기원전부터 '황제의 바다통치 대리자'를 뜻하는 '바흐네가쉬(Bahrnegash)'에 의하여 이 지역은 통치되었고 지금도 에티오피아의 한 주이다.

에티오피아 제국의 중심은 10세기까지 에리트레아를 포함한 북부 지역에 위치한 악숨이었다. 1635년 수도를 곤다르로 옮겼고 1890년에는 더욱 남쪽인 안코바르로, 1896년 메네리크 2세에 의해 아디스아바바로 정해졌다. 1868년 테오도르(Theodore) 황제의 사후 1872년 티그라이 지역의 세력가인 요하네스(Tekle Guiorguis Yahannes)가 황제에 즉위해 라스 알루라(Ras Alula)를 에리트레아 총통으로 임명했다.

에티오피아는 16세기 초부터 19세기 말 이탈리아가 점령하기 전까지 에리트레아를 외세의 침입으로부터 지켜냈다. 즉 16세기 초 이슬람 세력이 에리트레아를 침공했을 때 에티오피아 황제는 포르투갈에 지원을 요청했고 이때 포르투갈의 가마(Stefano da Gama) 장군이 이끄는 포르투갈군은 1542년 에리트레아의 아카레 구자이주 안나나에서 이슬람군과 대대적으로 싸운 것은 역사에 기록되어 있다.

19세기 말 이탈리아가 침략해 오기 전 20여 년 동안 테오도르 황제와 요하네스 황제는 주변국의 침략으로부터 구라(Gura) 전투와 구다구디(Gudda-Guddi) 전투에서 대대적인 승리를 거두며 에리트레아를 지켰다. 1884년 영국·이집트·에티오피아 삼국이 맺은 협정에서 에리트레아에 대한 에티오피아 영유권을 인정한 것은 그러한 역사적 사실에 비추어 지극히 당연한 조처였다.

1869년 수에즈 운하가 개통되자 홍해 연안은 경제적 그리고 전략적으로 유럽 열강에게 더욱 중요하게 되었다. 같은 해에 이탈리아의 루바티노(Rubatinno) 해운회사가 아삽항에 지사를 설립했고, 1882년 이탈리아 정부는 그 회사를 국영화하고, 1885년 마사와항을 점령했다. 급기야 1885년 4월에는 이탈리아 육군 홍해사령부를 11월에는 해군 홍해사령부를 마사와항에 세웠다.

1881년 이탈리아군은 마사와항에서 25킬로미터 내륙에 위치한 사티까지 침입했으나 그곳에서 에리트레아 총통 라스 아루라가 이끄는 에티오피아군에게 대패했고, 여세를 몰아 요하네스 황제는 마사 이탈리아군 사령부를 점령한 후 산모르자노(San Morzano) 장군이 이끄는 이탈리아군을 해산시켰다. 1889년 요하네스 황제가 전사한 후 메테마의 솔로몬왕의 직계 후손이며 쇼아 지방의 왕이었던 메네리크 2세가 에티오피아 황제로 즉위했다. 그해 5월 2일 메네리크 황제는 이탈리아와 우시알리(Uccialli) 조약을 암하라어로 체결했다. 9월 29일 이탈리아 정부는 조약을 비준하고, 10월 11일 그 유명한 17조를 의도적으로 변형해 에티오피아를 자국의 보호령이라고 서구 열강에게 통보했다.

1890년 이탈리아 정부는 점령하고 있는 홍해 지역에 대한 포고령을 공포하고 에리트레아를 자국의 식민지라고 발표했다. 이에 9월 27일 메네리크 황제는 두 통의 서한을 이탈리아 왕에게 보냈다. 첫 편지에는 유일하게 서명된 암하라어본 '우시알리 조약' 17조에는 "에티오피아 황제는 외교적인 일에 이탈리아 정부를 이용할 수 있다"라고만 규정되어 있다는 것을 지적하였고, 두 번째 편지에서는 이탈리아군이 지속적으로 에티오피아 영토를 넘어오고 있다고 항의했다. 그러한 상황에서 이탈리아와 에티오피아 양국의 대규모 전쟁이 발발했으며 1895년 초 아드와에서 이탈리아군을 전멸시킨 에티오피아는 이탈리아의 보호령이 아니라는 것을 만방에 과시했다.

그러나 1941년 주아프리카 이탈리아군이 연합군에게 항복할 때까지 에리트레아는 이탈리아의 식민지로 남아 있었다. 에리트레아의 미래는 전적으로 유엔에 달려 있었다. 1950년 11월 25일 유엔 정치특별위원회에서 "에리트레아는 에티오피아 연방국의 자치정부로 1952년 9월까지 법적 절차를 마쳐야 한다"라고 총회에 제안했으며, 유엔 총회는 1950년 12월 2일 찬성 46 대 반대 10, 기권 4개국으로 최종 의결했다.

셀라시에 황제는 에티오피아와 에리트레아 국민에게 오랫동안 열망하던 소식—에리트레아가 에티오피아에게 병합되었다는 유엔의 최종 결정—을 발표했다. 아디스아바바에서 자신의 쉰아홉 번째 생일을 축하하는 자리에서 셀라시에 황제는 에리트레아 문제를 처리할 계획을 단계별로 조목조목 발표했으며 다음과 같이 그의 발표문을 끝냈다.

"2차 세계대전의 상처가 아직 덜 아문 지금, 극동 지역의 한국 등 세계 도처에서 다시 3차 세계대전이 발발할 것 같은 위험 앞에 떨고 있습니다. 에리트레아 문제는 세계 평화를 지킬 방편을 찾는 유엔에서 세계 제국들이 이루어낸 소중한 조처였습니다. 에티오피아는 세계 평화라는 대의를 위하여 어디서든지 우리의 책임을 다할 것입니다. ……

인류를 결속시키는 우리의 노력에 신의 가호가 있고 전쟁과 재앙을 억제하고 세계 평화를 위하여 노력하는 자에게 신의 가호가 있기를 빌어마지 않습니다."

제 4 장

비극의 희생양

에티오피아인에게 한국전쟁 참전은 의심할 여지없이 신성한 것이었다. 어떠한 나라보다도 에티오피아는 이 전쟁이 주는 의미를 잘 알고 있었다. 또한, 한국 국민에게 주는 유엔의 군사적 지원의 중요성을 에티오피아 국민은 잘 알고 있었다. 그렇게 오랫동안 에티오피아 국민들이 갈망했지만 이루지 못했던 세계 평화를 위한 집단안보라는 이상을 현실에 적용한다는 역사적 사실을 그들은 깨닫고 있었다.

세계 평화를 위하여 에티오피아보다 더 큰 신념을 갖고 더 열렬하게 나선 나라는 없다. 에티오피아는 전쟁의 참혹함을 직접 경험했고 당시 국제사회의 집단안보 정신의 결여 때문에 5년 동안 나라를 빼앗기는 비운도 맛보았다. 그래서 국제사회의 집단안보 태세 확립을 위해 오랫동안 투쟁해온 에티오피아는 집단안보를 이론으로만 막연히 주장하는 어떤 나라보다도 그 중요성을 깊이 깨닫고 한국전쟁을 그러한 견지에서 받아들였다. 집단안보의 중요성을 이론으로만 아는 자는 그것의 결여로 나라를 빼앗긴 경험을 겪은 자보다 그것에 거는 강도가 약할 수밖에 없다.

집단안보 정신의 결여가 한 나라의 운명에 끼치는 영향뿐만 아니라 다른 자유세계에 끼치는 위협을 에티오피아가 몰랐다면, 또 세계 평화를 보장하는 국제기구 설립에 관하여 에티오피아가 그렇게 노력하여 국제연맹을 탄생시켰으나 집단안보 장치의 미비로 에티오피아뿐만 아니라 전 인류에 끼친 비극적 2차 세계대전을 목도하지 않았다면, 1935년 에티오피아가 겪은 아픔은 그렇게 크지 않았을 것이다. 왜냐하면, 그러한 민족적 아픔은 에티오피아뿐만 아니라 과거 수십 년 동안 아프리카, 아시아, 유럽의 여러 나라도 겪었기 때문이다.

이 점을 분명히 밝히기 위하여 에티오피아 전사들이 한국전쟁에서 신명을 바쳐 용맹을 떨친 이야기를 하기에 앞서 에티오피아 자국이 부당하게 침략당한 과거 몇 년간의 정황을 설명할 필요가 있다. 2차 세계대전이 발발하기 전 몇 년은 역사적으로 매우 중요하고 평화를 지키는 데 국제사회가 어떤 정책을 취해야 하는지에 대해 시사하는 바가 많다.

유례를 찾아 볼 수 없을 정도로 평화를 사랑하는 에티오피아는 타국의 자유와 주권을 존중한다. 에티오피아가 타국을 침공한 사실이 지금까지 단 한 번도 없다. 에티오피아는 이웃나라와 평화관계를 유지하는 것이 항상 외교의 첫 번째 과제였고 이러한 정책을 일관되게 유지했기 때문에 전쟁을 부추기거나 도발한 적이 없다. 에티오피아 지도자들의 최대 관심 사항은 자국이 번영할 수 있도록 평화와 질서를 확립하는 것이었다.

에티오피아의 개발되지 않은 방대한 천연자원을 타국이 호심탐탐 노리고 있어도 에티오피아는 근대식 군인을 육성하지 않았다. 에티오피아는 전쟁 준비는 물론 심지어 침입에 대비조차 하지 않았다. 그들은 타국과의 어떠한 분쟁도 평화적으로 해결할 수 있다는 믿음을 갖고 있었기 때문이다.

지난 20여 년 동안 에티오피아의 외교정책을 살펴보면 왜 이 나라가 평화정책을 견지하는가를 잘 알 수 있다. 국제사회에서 집단안보를 보장할 수 있는 국제연맹의 창립 회원국이 되려는 노력은 셀라시에 황제가 즉위하기 전 섭정의 지위에 있을 때부터 시작되었다.

1923년 드디어 국제연맹의 회원국이 되자 에티오피아는 국제연맹이라는 집단안보 장치로 세계 평화가 유지되리라 굳게 믿었다. 에티오피아가 이탈리아의 침략에 대비하지 않은 이유는 타국과 맺은 우호조약에 대한 강한 믿음과 국제연맹에 대한 완전한 신뢰 때문이었다.

셀라시에 황제와 그의 국민들은 국제연맹의 헌장에 명시된 원칙들을 믿었다. 그에 따라 국가 사이에 분쟁이 발생하면 평화적으로 해결되리라는데 추호의 의심도 하지 않았다. 또한 어느 한 국가가 부당하게 침략당하면 국제연맹이 개입해 이를 저지하리라 믿었다. 그런 연유로 에티오피아는 국제연맹에 가입했고 국제평화에 모든 노력을 아끼지 않았다. 1935년 10월 이탈리아 파시스트 정권은 에티오피아를 부당하게 침략하여 무장해제시켰고, 에티오피아는 국제연맹의 집단안보 기능이 이상에 불과하다는 현실을 뼈저리게 깨달았다. 그래서 셀라시에 황제 자신이 직접 제네바 국제연맹 본부로 가서 52개 회원국이 서명하여 발효시킨 연맹 헌장의 원칙에 따라 에티오피아를 지원해줄 것을 호소했다.

1936년 셀라시에 황제가 국제연맹 총회에서 행한 감동적이며 세세한 연설이 세계 역사상 가장 진실되고 값진 연설이었다. 그 연설의 일부분만 보아도 황제의 고뇌와 비통한 심정을 짐작할 수 있다.

"나 에티오피아 황제 하일레 셀라시에는 우리 국민이 마땅히 누려야 할 정의와 우리 국민에게 약속된 연맹의 지원을 촉구하기 위해 이곳에 왔습니다. 불과 8개월 전에 국제연맹 52개 회원국은 이탈리아에 의한 우리나라 침공은 국제법을 위반한 것이라고 결의했습니다.

에티오피아 황제인 나만이 우리 국민의 호소를 연맹 회원국에 전달할 수 있습니다. 국가원수가 직접 국제연맹 총회에 참석하여 연설한 예는 아마도 선례가 없을 것입니다. 또한 어느 한 나라가 침략자에게 철저하게 방기되어 협박받고 희생물이 된 선례는 한 번도 없었습니다.

무고한 양민에 대한 독가스의 사용 금지와 정복전쟁을 하지 않겠다는 국제 원칙을 무시하고 한 민족을 철저하게 박멸시키려는 예도 없었습니다. 누천년의 역사를 지키려고 에티오피아 황제인 내가 군의 선두에서 직접 싸우다 국제사회의 지원을 요청하러 온 것입니다.

나는 전지전능한 신께 이민족의 침입에서 고통받는 우리 백성을 구해달라고 기도합니다. 여기 온 부족장들이 그 고통의 증언자입니다. 우리 에티오피아 국민이 감내하고 있는 고통을 제네바에 모인 각국 대표 여러분에게 전달하는 것이 나의 책무입니다. 여러분의 손에 죽음의 고통을 받고 있는 수백만 명의 무고한 양민, 노인과 어린이의 생명이 달려 있습니다.

이탈리아군이 겨냥하는 것은 에티오피아군 뿐만이 아닙니다. 그들은 반항이나 적의가 없는 자까지 무차별 학살을 가합니다. 에티오피아 전역에 공포심을 불러 일으켜 공포의 도가니로 몰아놓고 반항의 여지를 없애고자 합니다.

1935년 말 전쟁 초기에는 이탈리아 전투기들이 독가스를 살포했으나 효과가 미미했습니다. 왜냐하면, 우리 장병들이 바람을 이용하여 독가스를 피하는 법에 능숙했기 때문입니다.

그러자 이탈리아 전투기들이 이퍼라이트(yperite) 독을 우리 병사들 머리 위로 살포했으나, 이 역시 큰 효과가 없었습니다. 그 독액은 몇몇 병사에게만 떨어졌고 나머지 병사들은 흩어져 위험을 피했기 때문입니다.

메켈레 공방전에서 이탈리아군이 불리해지자 다음과 같은 천인공노할 짓을 저질렀습니다. 적기들은 양 날개 끝에 치명적인 가스를 담은 분사기를 설치한 후, 9대 15대 18대씩 편대를 지어 광범위한 지역에 계속 살포해 온 땅이 마치 안개에 싸인 것처럼 뿌옇게 되었습니다. 1936년 1월 말부터는 병사, 부녀자 어린이 할 것 없이 모두 이 독이 들어간 물을 마실 수밖에 없었습니다. 그 결과 사람은 물론 가축과 초목까지도 모두 죽게 되었습니다. 적들은 이러한 공격을 계속했습니다. 이것이 이탈리아군의 전쟁 방식인 것입니다. 이러한 야만적인 전투 행위는 에티오피아 사람이 사는 땅을 모두 공포의 아수라장으로 만들고 초토화시키고자 하는 것입니다. 이 공포의 방법으로 피해가 막대했습니다. 사람이나 짐승이나 모두 이 독에 무너졌습니다. 적기로부터 투하된 독비를 맞은 자는 고통에 비명을 질렀고 감염된 물을 마신 자는 극심한 통증에 시달리다가 수천 명씩 죽어갔습니다.

나는 에티오피아 국민들이 당하고 있는 이 야만적인 행위를 여러분께 고발하고자 이곳에 왔습니다. 나와 우리 병사들은 이 용서할 수 없는 야만적 행위가 거부할 수 없는 엄연한 사실임을 여러분에게 증언합니다.

나의 대표단이 국제연맹에 요청한 사항들은 지금껏 받아들여지지 않았습니다. 나의 대표단은 사실 이 가혹한 전쟁의 목격자들이 아닙니다. 그래서 목격자인 내가 직접 국제연맹 총회에 와서 여러분께 나와 우리 국민이 겪은 이 야만적 전투 행위를 증언하고, 국제연맹이 천인공노할 침략군의 만행에서 눈을 돌린다면 머지않아 유럽에 닥칠 운명을 경고하고자 이곳에 온 것입니다."

우리 시대의 영웅이자 순교자인 셀라시에 황제는 국제연맹에서 이 의미 있는 연설을 통해 유럽에 닥칠 2차 세계대전의 위험을 확실하게 경고하고 이를 방지하기 위하여 자유민주국가들이 단결하여 이에 대처하기를 주장했다.

에티오피아 국민들과 생사고락을 같이하며 이탈리아군과 맞섰던 셀라시에 황제는 세계 평화를 위협하는 세력이 있음을 감지하고 국제연맹 총회에 직접 참석하여 폐부 깊은 곳에서 우러나오는 목소리로 이를 증언하고 경고했다. 그러나 불행하게도 그 당시에는 황제의 증언과 경고가 받아들여지지 않았다. 그의 피 끓는 호소는 받아들여지지 않았고, 에티오피아는 국제연맹의 지원을 받지 못하였다. 그러나 그의 국민은 영웅적으로 이탈리아군과 8개월 동안 맞섰으나 1936년 4월 이탈리아군에 의해 에티오피아는 점령되었다. 하일레 셀라시에 황제의 국제연맹에서의 호소는 '광야의 외로운 목소리'였다.

국제연맹의 철저한 외면으로 에티오피아는 5년동안 이탈리아에 의해 점령되고, 야만스런 정복자의 말발굽 아래 온 국민이 짓밟혔다. 에티오피아에서 지각 있는 국민은 처형당하거나 투옥되었으나 온전히 정복당한 것은 아니었다. 자유와 평화를 사랑하고 누천년을 이어온 백절불굴의 에티오피아 국민정신은 압제자에게 온전히 내어 주지는 않았다.

자유와 평화를 얻기 위하여 수 백년 동안 싸워 온 에티오피아의 역사를 살펴보면 이를 지키기 위한 수많은 순교자들이 있었다. 이러한 빛나는 역사와 전통을 잊고 에티오피아 국민은 이번 압제자에게 끌려만 가는 것일까?

제 5 장

불굴의 정신

에티오피아 국민은 외세의 지배를 절대 용납지 않는 민족임을 특별히 눈여겨볼 필요가 있다. 그들의 오랜 역사를 살펴보면, 자유를 사랑하는 에티오피아인은 자유를 지키기 위하여 끊임없이 침략자들과 투쟁을 계속해왔다. 기원전 3500년 무렵 이집트 파라오시대에 그들의 지배를 물리치고 자유를 찾은 이후 어떠한 유럽 세력이나 아시아 침입자들이 에티오피아를 완전히 점령한 적은 없다.

당대의 최고 문명을 꽃피웠던 이집트를 정복한 페르시아의 강력한 군주 캄비소스(Kamvisos)는 에티오피아마저 점령하려 에티오피아 국경까지 진격해왔다. 그러나 에티오피아가 자유를 사랑하는 끈질긴 민족임을 알고 그들을 정복하는 것이 불가능하다는 것을 알고 넘어오지 못했다.

19세기에도 에티오피아를 침입한 세력들이 있었지만 모두 격퇴당했다. 1867년 이집트군은 요하네스 황제에게 격퇴당했고, 1896년 이탈리아군은 메네리크 2세에 의하여 궤멸됐다.

1896년 이탈리아군은 아두아의 아부가라마에서 전멸됐다. 이탈리아군을 궤멸시킨 메네리크 황제의 대승은 당시 서구 열강들을 놀라게 했다. 현대식 무기로 무장한 이탈리아군에 맞선 에티오피아 병사들의 무기는 원시적인 활, 창, 도끼, 방망이, 돌멩이에 불과했다. 그러나 전멸당한 쪽은 이탈리아군이었으니 이것을 어떻게 설명할 수 있단 말인가?

누천년 이어온 자유를 지키기 위한 에티오피아의 투쟁정신 말고는 달리 설명할 길이 없다. 에티오피아와 이탈리아의 첫 접전은 1895년 말에 시작되었다. 토셀리(Toselli) 장군 휘하의 이탈리아군이 1895년 12월 7일 에티오피아 라스 메코넨(Ras Mekonnen, 셀라시에 황제의 아버지) 장군이 이끄는 에티오피아군에게 암바 알라지(Amba Alagi) 전투에서 대패했다.

여세를 몰아 라스 메코넨 장군은 이탈리아 바라티에리(Barratieri) 장군이 장악하고 있는 마칼 요새를 포위했다. 45일 동안 포위한 끝에 메코넨 장군은 마칼 요새를 함락했다.

양국의 두 번째 접전은 1896년에 아두아시 부근에서 있었다. 메코넨, 고잔 왕인 네구스(Negus Teklan Haimanot), 올레(Ras Wole), 미카엘(Ras Michael), 알루라(Ras Alula) 같은 에티오피아 명장들을 거느린 메네리크 황제는 아두아에 있는 이탈리아 요새로 진격하여 1896년 3월 1일에 2만 2000여 명의 이탈리아군을 전사시키거나 생포했다.

1896년 10월 26일 에티오피아와 이탈리아 양국은 평화협정을 맺고, 그 협정에 따라 문제를 야기한 우시알리 조약을 폐기하고 이탈리아는 에티오피아의 독립을 인정했다.

1935년 양국의 세 번째 접전에서 이탈리아는 에티오피아 수도 아디스아바바를 점령했으나 에티오피아 전역을 다 정복한 것은 아니었다. 국민의 마음을 정복한 것은 더욱 아니었다. 에티오피아 국민은 절대 굴복할 민족이 아니다. 지방마다 접근하기 어려운 산악지대에 본거지를 둔 에티오피아군은 끊임없이 이탈리아군을 습격했다. 간단없이 나타나 순식간에 기습을 가하고 번개같이 사라지는 게릴라를 소탕하는 것은 얼마나 어려운 일인가? 이탈리아군은 에티오피아군을 소탕할 수 없었다. 마침내 이탈리아군은 에티오피아인의 육체는 굴복시킬 수 있으나 마음까지는 굴복시킬 수 없다는 사실을 깨닫게 되었다. 그러한 정신이 도도히 전통으로 이어져 왔으니, 어느 에티오피아인도 이탈리아에 정신적으로 굴복한 자는 없었다. 그들의 사전에 항복은 없었으니, 유구한 그들의 역사 속에 적에게 완전히 항복한 적은 한 번도 없었다.

셀라시에 황제가 국제연맹 총회 연설에서 주장했듯이 에티오피아인은 적에게 절대로 항복한 적이 없고 앞으로도 항복하지 않을 민족이다. 황제는 연설을 다음과 같이 끝맺었다.

"국제연맹 회원국 대표 여러분, 나는 우리 에티오피아 국민의 이름으로 국제연맹 헌장의 평화에 관한 내용이 지켜지도록 요청합니다. 연맹 헌장이 지켜지지 않아 에티오피아가 희생되는 일이 없도록 여러분의 지원을 다시 한 번 촉구합니다.

나 에티오피아 황제는 우리 국민과 정부와 더불어 절대로 외세에 굴복하지 않을 것과 정의가 결국 승리할 것과 연맹 규약이 지켜지도록 노력할 것을 천명합니다. 나는 국제연맹의 52개 회원국에 침략자에 맞서 싸우는 우리를 지원해달고 강력히 요청합니다. 그러면 여러분은 우리를 어떻게 도와주시겠습니까? 집단안보를 보증했던 강대국들과 우리와 같은 운명에 처할 중소국가들에게 나는 묻고자 합니다. 지금 여러분은 무슨 조처를 취하겠습니까?

세계 각국의 대표자 여러분, 나는 한 국가의 원수로서 가장 고통스러운 책무를 다하기 위하여 오늘 여러분 앞에 섰습니다. 나는 여러분이 주는 어떠한 선물을 갖고 우리 국민에게 돌아갈 수 있을까요?"

그의 국민에게 닥친 부당한 침략으로 국민이 당하는 고통으로 마음이 찢어지는 슬픔과 아픔으로 가득 찬 셀라시에 황제의 마음을 그의 연설에서 누구나 느낄 수 있었다. 셀라시에 황제는 이른바 문화인이라고 자처하는 이탈리아군이 저지르는 만행으로 고통 받는 그의 국민과 같은 고통을 느끼고 있었다. 쥬다의 사자(the Lion of Judah)는 문명세계에게 보호해 달라고 간청하고 있었다. 국내의 소요를 수습하고 이제 황제는 자신의 나라를 번영의 길로 영도해 가고 있는 중이었다. 에티오피아를 정복하기 위하여 이탈리아군이 취하는 야만적이고도 치사한 처사는 언젠가 역사가들에게 혹평을 받을 날이 올 것이다. 위엄 가득한 셀라시에 황제는 희망은 없으나 열렬하게 그의 고통받는 국민이 부르짖는 대의를 연맹 회원국 대표들에게 설파했다. 그와 동시에 하일레 셀라시에 황제는 인류에게 누구보다 먼저 강력하고 명백하게 경고했다.

"자유세계 각국 대표 여러분, 깨어 있으시오. 만일 오늘 우리나라가 여러분의 도움을 받지 못하고 나의 청원이 받아들여지지 않는다면 불원간 여러분의 나라도 전체주의 국가들의 희생될 날이 닥칠 것입니다.
그런데 누가 깨어있었습니까? 누가 세계 평화에 대한 조종을 들었습니까?"

에티오피아는 국제연맹이 집단안보 정신으로 자국을 도와 달라는 요구를 들어주지 않으리라고는 예견하지 못하고 이에 대한 준비를 하지 않았다. 몇 달 전에는 이탈리아의 침공이 불법적인 것이라고 의결하지 않았던가? 국제연맹의 반응은 지극히 실망스러웠다. 국제연맹은 세계 평화를 위해 진력할 것을 다짐하고 다시 한 번 이탈리아 침공이 불법이고 세계 평화를 저해하고 있다고 의결했다. 그게 전부였다. 자유세계는 토론하고, 단지 선언만 할 뿐, 정작 행동이 없었다.

최근 20년 사이 이때가 에티오피아에게 가장 고통스러운 시기였다. 나라는 이탈리아에 빼앗기고 셀라시에 황제는 망명길에 오르고 국민들은 압제자의 철권통치를 받았다.

냉소적이거나 사려 깊지 못한 자는 다음과 같이 지적할 지도 모른다. "이탈리아가 에티오피아를 침공했을 때 어떤 조치를 취해야 했는가? 왜 국제연맹 즉, 자유세계는 그러한 침공에 맞서 에티오피아를 도와주지 못했는가? 왜 최근의 전쟁보다도 수백 수천 명이 더 희생되어야 했는가?" 확실히 그것은 냉소적이고 성급한 면이 있지만 토론장에서 많은 사람이 공감할 수 있는 견해이다.

그러나 국제연맹 회원국들은 연맹헌장에 서명한 사실을 상기하고 그 정신을 존중했어야 했다. 이탈리아의 에티오피아 침공이라는 상황에서 에티오피아 병사들의 희생이 가장 클 것은 자명했다. 에티오피아가 자국을 지키기 위하여 국제연맹에 요구한 것은 파병이 아니라 이탈리아가 군사 행동을 중지하도록 연맹이 확실하게 침략자를 규탄하라는 것이었다. 국제연맹이 이탈리아에 대해 강력한 규탄성명을 내지 못하자 에티오피아는 현대식 무기를 구입할 자금 지원을 요청하였다. 에티오피아는 지금까지의 창과 방패 대신 지원되는 자금으로 현대식 무기를 구입하여 적을 물리치려 했다.

국제연맹이라는 집단안보 장치가 회원국들에게 믿음을 주었고 또 연맹 자체가 회원국들에게 도덕적 힘이 되었다면 2차 세계대전은 일어나지 않았을 것이라는 데 많은 사람이 의견을 같이한다. 그러나 불행히도 국제연맹은 그러지 못했다. 집단안보 정신의 결여, 상황에 대한 오판, 부도덕성 등이 복합적으로 작용해 인류에게 최대 재앙을 가져온 2차 세계대전이 발발했다.

이탈리아의 에티오피아 침략에 대한 국제연맹의 입장은 세계 평화에 대한 방관에 지나지 않았다. 만주, 오스트리아, 에티오피아, 라인랜드, 폴란드 사태 때도 그랬다. 급기야, 1939년 9월 2차 세계대전은 발발했다. 만일 국제연맹이 집단안보 정신에 따라 회원국이 단호히 국지전에 임했다면 2차 세계대전은 피할 수 있었다. 1차 세계대전이 끝난 지 불과 20년 만에 인류는 비극적인 또 하나의 전쟁을 맞았다.

에티오피아는 국제연맹이 집단안보 원칙을 지켜내지 못한 데 따른 비극의 희생양이었다. 이탈리아의 광적인 독재자 무솔리니(Benito Mussolini)가 세계 정복에 대한 야욕을 실현하고자 첫 번째 침공한 나라가 에티오피아다. 그는 집단안보를 내세운 연맹헌장을 깡그리 무시했다. 에티오피아를 정복하기 위하여 이탈리아는 문명사회의 치욕으로 여겨지는 천인공노할 방법도 불사했다.

이탈리아 파시스트가 에티오피아를 처음 침공했을 때 국제연맹이 연맹헌장에 따라 행동했다면 2차 세계대전은 분명 피할 수 있었을 것이다. 전체주의 독재자들이 자유세계 민주국들의 단호한 의지를 알고 도발하지 못했을 것이기 때문이다. 이탈리아의 야욕은 시도되지 못하고 단지 계획과 꿈에 불과했을 것이다.

국제연맹의 처사에 에티오피아는 크게 실망했지만 연맹을 완전히 포기하지 않았다. 에티오피아는 세계 평화를 지키기 위한 수단으로 국제연맹의 원칙과 신념에 더욱 충실하였다.

제 6 장

다시 한번 집단안보의 정신으로

2차 세계대전으로 세계 여러 나라는 집단안보를 확실하게 보장하는 새로운 국제기구의 필요성에 공감했다. 이의 필요성에 공감하는 나라나 공감하지 않는 나라나 다함께 국제연합 헌장에 서명했다.

과거 집단안보에 관해 국제연맹이 취한 방기 정책을 기억하는 나라들은 새로운 기구인 국제연합의 역할에 대해서도 부정적 견해를 갖고 있었다. 1935년 10월 국제연맹 회원 52개국이 이탈리아의 에티오피아에 대한 침공을 좌시하지 않고 부당한 침공을 당한 나라에 적절한 지원을 제공한다는 연맹헌장 16조에 따라 조치를 취할 것이라고 에티오피아에게 약속하고 후에 에티오피아에 아무런 지원도 하지 않은 사실을 기억하는 사람들은 유엔의 역할에 대해서도 의심하지 않을 수 없었다. 그 당시 에티오피아가 국제연맹에 병력 파견을 요청한 것도 아니고 단지 무기를 구입할 자금을 지원해달라고 했을 뿐이었다. 국제연맹은 그마저 거부함으로써 자신의 책무를 완전히 방기했다.

국제연맹의 에티오피아 사례는 쉽게 잊힐 사안이 아니다. 그로 말미

암아 집단안보의 실현 가능성에 회의적인 시각을 갖게 된 나라가 많았다. 특히, 자국의 안전보장을 위하여 집단안보가 더욱 절실하고 그 필요성을 강하게 주장해야 할 약소국들은 그 불신이 더욱 강했다.

그러나 1950년 6월 한국의 공산 침략군에 대한 유엔이 취한 즉각적인 조처로 집단안보에 대한 불신과 경계를 불식시켰다. 유엔은 즉각 군사적인 행동을 취한 것이다. 폭력을 증오하고 꺼지지 않는 자유의 횃불을 열망하는 박애정신이 즉각 발동되었다. 미국이 먼저 자유세계에 경종을 울렸다. 이 경고로 적들은 부당한 침공에 대한 자유세계의 강력한 의지를 알게 되었고 자유세계는 공산 침략에 대한 강력한 조처를 즉각적으로 취하지 않을 경우 자유세계에 끼칠 위험스런 결과를 깨닫게 되었다.

역사상 한 번도 이렇게 자유세계가 침략자를 응징하기 위하여 즉각적인 군사 행동에 나선 적이 없었다. 이번 유엔의 결정은 역사적 의미가 크다. 자유와 평화의 지킴이 유엔군이 침공당한 작은 나라를 지키기 위하여 즉각적으로 출동했다. 이는 공산 침략으로부터 자유를 지키겠다는 유엔의 결의를 행동으로 만방에 천명한 조처였다.

유엔 헌장 51조는 연맹의 그것과는 달리 사문화된 규정이 아니었다. 공산군의 침공이 개시된 후 몇 시간 만에 이 규정에 따라 유엔 안전보장이사회는 결의안을 채택하고 바로 행동으로 옮겼다.

1950년 6월 25일 새벽 6만 명의 공산군이 군사분계선인 38선을 넘어 대한민국을 침공했다. 채 하루가 지나지 않은 시간 유엔의 즉각적인 지원이 시작되었다. 극동에 배치된 F-51 무스탕 전투기가 즉각 한국에 출동했다. 다음날 유엔 안전보장이사회는 한국에서 공산 침략군을 격퇴하기 위하여 모든 유엔 회원국은 한국을 지원하도록 결의했다. 해리 트루먼(Harry Truman) 미국 대통령은 미국 공군과 해군이 한국으로 즉각 출동하라고 명령했다. 1950년 7월 1일 유엔 보병부대가 처음 한국에 도착했다.

그리고 7월 7일 맥아더 장군이 주한 유엔군 총사령관으로 임명되고 14일 도쿄 사령부 건물에 국제평화의 상징인 유엔 깃발이 게양되었다. 이틀 후인 16일부터 다른 나라의 유엔군들도 한국에 도착하기 시작했다. 세계 평화를 위한 '집단안보'가 드디어 실행되기 시작한 것이다.

1차 세계대전이 끝나고 다시는 전쟁이 발생하지 않도록 국제사회는 국제연맹을 창설했다. 그러나 국제연맹은 권위를 지켜내지 못하고 실패했다. 만주, 에티오피아, 오스트리아 문제 처리가 이 기구의 실패 본보기이다. 2차 세계대전의 발발은 국제연맹이 실패했다는 결정적 증거다. 국제연맹이 실패한 이유는 너무나 방대하여 이 책에서 다 다룰 수는 없다. 그러나 간단히 살펴본다면, 사태의 본질을 잘못 파악했을 뿐만 아니라 진실에 맞설 단호한 의지와 용기가 없었기 때문이다. 1차 세계대전으로 기진맥진해진 국제사회가 새로운 모험에 맞설 준비가 안 되었기 때문인 측면도 있다. 그러나 자유를 염원하는 사람들은 그에 지지치 않았다.

자유 애호민들은 한국전쟁에 즉각적으로 군대를 동원함으로써 자유를 사랑하는 불굴의 정신을 보여줬다. 유엔군이 한국전쟁에 군대를 즉각 파병한 것은 2차 세계대전이 끝나고 얼마만인가? 단지 5년만이다. 이탈리아 파시스트가 에티오피아를 공격한 것은 1차 세계대전이 끝나고 몇 년 만인가? 17년만이다. 그러나 이것이 본질은 아니다. 핵심은 국제연맹이 실패해 그 결과 에티오피아가 독립을 잃었고 그 연장선상에서 2차 세계대전이 발발했다는 것이다. 반면에 국제연합은 즉각적인 행동으로 한국의 독립을 지켜내고 3차 세계대전을 막거나 적어도 연기시켰다. 국제연맹은 말로 평화를 유지하려 했으나 국제연합은 행동으로 이를 지켜냈다.

프랭클린 루스벨트(Franklin D. Roosevelt) 대통령의 부인이 1951년 12월 1일 주한 유엔군 대표들을 위한 기념행사에서 행한 연설에 국제연맹과 국제연합의 두 시기의 차이와 두 기구 회원국들의 사고와 인식의 차이가 잘 나타나 있다. 영부인은 다음과 같이 말했다.

"한국 국민은 잘 훈련되고 계획된 외부의 적들과 대단한 용기와 투지로 싸우며 유엔에 구원의 손길을 뻗었다. 그러나 그들은 확신하지 못했다. 지난날 에티오피아인, 만주인, 오스트리아인이 국제기구가 지원해줄까 하는 의구심을 가진 것처럼 한국 국민도 역사는 다시 되풀이 되지 않을까, 그들의 구원 요청에 대해 유엔은 단지 그럴듯한 결의 사항만 내놓지 않을까 하는 의구심을 갖고 있었을 것이다.

냉소주의자들이 내세울 역사적 본보기는 얼마든지 있다. 과거의 실수로부터 우리 인류가 배울 수 있다고 믿는 자들이 거의 없다면 유엔 헌장을 믿는 자들은 단합되고 단호한 집단행동을 촉구할 것이다. 냉소주의자가 아닌 이른바 현실론자들은 그러한 급박한 상황에서 집단행동에 대한 준비된 계획은 없었다는 사실을 지적할 것이다. 이번에는 믿음이 없는 냉소주의자들이 틀렸습니다. 많은 나라들이 유엔 헌장 원칙을 지키는 것이 결국은 자국의 이익은 물론 국제사회에 도움이 된다고 판단했습니다.

세계 곳곳의 양심적이고 평화를 사랑하는 사람들과 그들의 지도자들은 다음과 같은 질문을 스스로에게 던졌습니다. '유엔의 도움으로 독립된 나라를 부당한 침략으로부터 지켜내지 못한다면 국제사회의 공동이익을 위하여 같이 투쟁하자는 신뢰와 믿음은 언제 어디서 찾을 수 있겠는가?' 그 질문에 대한 답이 인류의 위대한 희망입니다. 그 절체절명의 순간에 택한 유엔의 대답이 3차 세계대전의 위험으로부터 세계를 구한 것입니다."

국제연맹으로부터 버림받은 에티오피아인은 그래도 집단안보라는 이상을 버리지 않았다. 에티오피아가 아직 적도들의 통치하에 있을 때 셀라시에 황제가 국제연맹에서 행한 또 다른 연설에 에티오피아인의 세계 평화를 위한 집단안보의 중요성과 이에 대한 협조 자세가 잘 나타나 있다.

"침략자의 전투 행위를 즉각 중지하도록 국제연맹 회원국이 손을 써줄 것을 우리가 간절히 호소했을 때 국제연맹의 제재 조치가 실패해 우리 강토의 절반이 적도의 손에 넘어갔을 지라도 우리 에티오피아는 국제연맹이 헌장의 원칙에 돌아가리라는 믿음을 아직도 갖고 있습니다. 국제연맹에 대한 신념을 버리거나 연맹의 평화에 대한 원칙에 따라 진정으로 에티오피아를 지원해 달라는 우리의 노력을 포기하지 않습니다."

집단안보에 거는 에티오피아인의 신념은 위와 같이 절대적이다. 그들 자신이 국제연맹의 희생양이 되었지만 세계 평화를 위한 집단안보라는 이상은 절대 버리지 않았다. 2차 세계대전이 끝나고 유엔이 창설될 때 에티오피아는 그 이념을 적극 지지하며 창립 회원국이었다.

집단안보주의를 실제 행동에 옮겨 한국전쟁에 유엔군을 파병하게 된 것은 셀라시에 황제나 그의 국민에게는 꿈이 실현된 것이었다. 집단안보주의가 뿌리를 내림에 따라 세계대전의 망령은 뒷걸음쳤다. 성전에 참여하는 십자군 용사처럼 에티오피아 전사들은 조국을 떠나 머나먼 한국 땅으로 출발했다. 그들은 다른 어떤 나라의 병사보다도 불굴의 용기와 대의를 위하여 기꺼이 목숨을 바치겠다는 굳은 신념으로 무장한 용사들이었다.

제2부

강뉴

"에티오피아가 유엔의 이름으로 한국에 전투병을 파견한 것은 자유와 세계 평화를 지키겠다는 확고한 의지를 세계에 보여준 것입니다. 전투에 참전한 이래 강뉴부대가 보여준 전과는 이 부대의 용맹성을 잘 보여주었습니다."

미국 육군 제7사단장

소장 페렌바우(C. B. Ferenbaugh)

무루게타 불리(Mulugetta Bulli) 장군

무루게타 불리 준장은 강뉴부대 창설자이다. 에티오피아 전사들의 뛰어
난 훈련과 명성은 무루게타 장군의 피나는 노력의 산물이다. 무루게타
장군은 에티오피아뿐만 아니라 유럽에서도 유명한 군인이다. 그의 다양
한 군사교육 경력, 탁월한 지휘력, 조직력과 판단력을 갖췄기 때문에 그
는 세계의 뛰어난 군인의 반열에 올라 있다. 무루게타 장군의 강뉴부대
원 선발 조건은 분명했다. 장군 휘하의 모든 장병은 그에게 기꺼이 충성
을 맹세했다.

무루게타 장군은 에티오피아 남부 시다모주에서 태어났다. 시다모 초등학교에서 암하라어와 프랑스어를 배운 후, 아디스아바바에 있는 하일레 셀라시에 중학교에 입학한 무루게타는 뛰어난 성적과 훌륭한 태도로 교사들과 학생들을 놀라게 하며 우등으로 졸업했다.

뛰어난 성적으로 하일레 셀라시에 육군사관학교에 입학하여 군사학을 전공하고 졸업과 동시에 대위로 임관했다. 이탈리아가 에티오피아를 침공하던 시기에 사관학교 졸업생은 여단에서 교관으로 근무했으며 무루게타도 사관학교 주임교관으로 임명되었다. 무루게타는 사관학교 졸업생으로 편성된 대대를 이끌고 이탈리아와 전쟁을 벌였다. 대대장으로서 그는 뛰어난 전략으로 부대를 잘 통솔했다.

그의 나라가 이탈리아에 점령되자 무루게타는 프랑스령인 지부티로 피신했다. 그곳에 머물 때 무루게타는 셀라시에 황제가 이탈리아를 물리칠 군대를 모집한다는 소식을 접했다. 수단에서 황제를 접한 무루게타는 에티오피아 해방군의 중요한 직책을 부여 받았다. 그는 다시 한번 지도자로서 뛰어난 자질과 영웅적인 통솔력을 보여 주었다. 이탈리아를 물리치고 해방이 되었을 때 그는 셀라시에 황제를 모시고 아디스아바바에 입성했다. 황제는 그에게 황실근위대를 조직하도록 명령했으며 그는 근위대를 에티오피아 최강의 정예부대로 창설했다.

무루게타는 맡은 직책이 많아 아주 바빴으나 항상 부대에서 병사들과 같이 생활했다. 1953년에는 미국과 한국을 방문했다. 한국 방문 기간 동안 그는 주로 최전선에 있는 그의 강뉴부대 병영에서 병사들과 함께 생활했다. 그는 병사들과 함께 훈련하는 것을 가장 즐거워했다. 게다가, 그는 천성적으로 부지런하고 덕이 많았다. 부대를 통솔하는데도 그러했다. 그래서 그는 병사들의 마음을 휘어잡았고, 병사들은 그에게 감정을 감추지 않았으며, 사생활을 희생하면서까지도 그의 부대에서 즐거이 근무했다.

강뉴부대가 명성을 얻기까지에는 무루게타의 혼과 노력이 들어 있음을 모두가 인정한다. 그의 뜨거운 민족혼과 군인 정신이 그대로 병사에게 전달되었다. 강뉴부대에 대한 우방국의 평가와 찬사는 신념에 찬 불굴의 정신의 소유자 무루게타 장군의 통솔 덕이라 할 수 있다.

멩기스투 네웨이(Mengistu Neway) 장군

무루게타 불리 준장이 소장으로 승진해 에티오피아군의 합참의장으로 영전됨에 따라 하일레 셀라시에 황제는 1955년 7월 멩기스투 네웨이 준장을 황실근위대장으로 임명했다. 황제가 멩기스투 준장을 에티오피아군에서 가장 뛰어난 지휘관인 무루게타 장군의 후임으로 선택한 것은 황실근위대장직에 그가 가장 적임인 것으로 판단했기 때문이다.

에티오피아 전사들에 대해 다룬 이 책에서 멩기스투 장군은 황실근위대장으로 뿐만 아니라 강뉴부대 창설과 훈련에 깊이 관여한 것으로 파악되고 있다. 그의 탁월한 업무수행 능력 때문에 무루게타 근위대장 재임 시 항상 그의 오른팔 역할을 했다.

황실근위대 훈련 총책임자로서 멩기스투 장군은 1950년부터 1955년까지 한국전쟁에 참전할 에티오피아 용사들을 훈련시키는데 혼신의 힘을 다 쏟았다. 그의 훈련 성과는 한국전쟁에서 강뉴부대 용사들이 보여준 용기와 영웅적 전투력 그리고 그들이 거둔 전공에 잘 나타났다. 그들은 에티오피아군의 기존의 명성에 위용을 더했고 조국과 국민에게 영광을 바쳤다.

1917년 3월 13일 아디스아바바에서 태어난 멩기스투 장군은 메코넨 고등학교를 우등으로 졸업하고 게네트에 있는 하일레 셀라시에 사관학교에 입학하여 전술학과 무예를 익혔다. 졸업 후 중위로 임관해 사관학교 중기중대에 배치되어 이탈리아군이 침략할 때까지 그곳에서 근무했다. 이탈리아군과 용감히 싸우다 아디스아바바가 함락되자 지부티로 피신한 후 케냐로 옮겼다.

셀라시에 황제가 수단에서 에티오피아 해방군을 조직할 때 멩기스투는 임시로 수단 소바에 있던 세인트 조지 사관학교에서 황제를 처음 만났다. 영국 8사단과 함께 에티오피아 해방군 소속으로 멩기스투는 에티오피아 국경으로 진격하여 이탈리아군을 격파했다. 1941년 5월 5일 셀라시에 황제는 해방군을 거느리고 당당하게 아디스아바바에 입성했다.

셀라시에 황제는 정부를 재정립하자마자 멩기스투에게 황실근위대 창설 임무를 부여했다. 멩기스투는 이 임무를 수행하면서 그의 타고난 능력을 십분 발휘했고 동료 장교 및 병사들의 두터운 신망을 얻었다. 멩기스투 장군을 만나는 사람은 모두 그가 타고난 무사이고 뛰어난 지휘관이라는 것을 바로 알게 되었다.

제 7 장

한국으로

1950년 6월 25일 한국에서 공산군의 침략으로 위협받은 세계 평화를 지키기 위한 유엔의 부름을 받자 에티오피아는 당연히 그리고 기꺼이 이에 응했다. 그 첫 파병 부대는 1950년 8월에 창설되었다. 평화를 지키기 위한 유엔의 집단안보 계획을 성공시키기 위하여 하일레 셀라시에 황제는 주한 에티오피아 파병부대(EEFK)를 최강의 군대로 창설할 것을 명령했다.

그 영광스러운 명령은 황실근위대에 떨어졌다. 황실근위대는 에티오피아군에서 가장 현대식으로 무장하고 가장 고된 훈련을 이겨낸 장병으로 편성되어 그 사기가 하늘을 찔렀다. 병사들은 심신이 건강한 자로 엄선되었으며, 3년제 사관학교를 졸업한 장교들은 군사학과 모국어인 암하라어는 물론 영어, 프랑스어에도 능숙했다.

셀라시에 황제는 학업 성적이 뛰어나고 심신이 건강한 자를 엄선하여 황실근위대 사관학교에 입학시켰다. 게다가 근위대 장교들은 에티오피아 해방군에서 1935년 이후 이탈리아와 2차 세계대전 동안 많은 전투 경험을 보유하고 있었다.

주한 에티오피아 파병부대 창설은 황실근위대장 무루게타 장군에게 위임되었다. 그는 에티오피아군에서 가장 신임 받는 장군으로서 외국에서도 그 명성이 널리 알려진 인물이다. 그는 상하로부터 신망과 존경을 받았다. 그는 사관학교 시절부터 학업 성적, 뛰어난 자질과 성품으로 두각을 나타냈다. 타고난 군인으로서 그는 승진을 거듭하여 에티오피아 최고 정예부대 황실근위대장에 보임되었다.

해외 파병부대 창설은 그 책임이 매우 막중하다. 에티오피아 역사상 처음으로 조국을 떠나 외국에서 싸우기 위해 파병되는 것이다. 세계가 에티오피아군을 평가할 것이며 에티오피아의 영광은 이 파병부대의 어깨에 달렸다. 셀라시에 황제가 친히 불러 주한 에티오피아 파병부대를 창설하라고 명령하는 순간 무루게타 장군은 에티오피아군이 세계 평화를 지키기 위한 군인으로서 인정을 받느냐 마느냐가 이 파병부대의 활동 여하에 달렸다고 생각했다.

그러한 사명감과 조국과 민족에 대한 충성심을 갖고 무루게타 장군은 세계 평화를 지키는 전쟁에서 에티오피아를 대표하게 될 파병부대 창설에 심혈을 기울였다. 또한 그 싸움은 셀라시에 황제가 오래전부터 주창해온 세계 평화를 지키기 위한 집단안보 원칙이 맨 처음 적용되는 곳이며 에티오피아가 당당히 유엔의 이름으로 참전하는 것이다. 그러기에 무루게타 장군은 황실근위대에서 가장 자질이 뛰어난 장병들 중에서 자원하는 자만 선발했다. 여기서 한 가지 특기할 것은 황실근위대 장병은 예외 없이 모두가 조국과 황제 나아가서 인류를 위한 한국전쟁의 중요성을 인식하고 주한 에티오피아 파병부대 전사로 자원했다는 점이다.

그렇게 창설되어 훈련받은 파병부대 장병들이 1951년 4월 12일 셀라시에 황제로부터 부대기를 하사받기 위해 아디스아바바 메스켈 광장에 집결했다. 바로 이 자리에서 황제는 '강뉴부대'라는 명칭과 부대기를 하사하며 이 책의 앞 장에서 인용한 명연설을 했다. 황제는 전 각료, 군 수뇌, 외국 사절과 각국 무관, 정부 고위관리와 수십만의 시민 앞에서 강뉴부대 용사들에게 그들의 조국과 자유 우방국 그리고 후손들을 위하여 막중한 책임을 다하라고 사자후를 토했다.

그리고 다음날인 4월 13일 주한 에티오피아 파병부대인 강뉴부대 전사들은 지부티행 열차에 몸을 싣고 아디스아바바를 떠났다. 1951년 4월 16일 미군 수송선 '제너럴 마크리어호'가 가장 값진 화물—에티오피아 젊은 사자들—을 싣고 지부티항을 떠나 머나먼 극동의 한반도를 향해 밤바다를 헤쳐 나갔다.

강뉴부대 제1진

1951. 5. 7 ~ 1952. 3. 29

"셀라시에 황제는 황실근위대의 강뉴부대를 마땅히 자랑스러워해야 합니다. 왜냐하면 강뉴부대 용사들의 용맹스러운 전투로 이제 세계에서 가장 우수한 부대의 반열에 당당히 올라섰기 때문입니다."

미국 육군 제7사단 제32연대장
대령 윌리엄 A. 도즈(William A. Dodds)

중령 테쇼메 이르케투(Teshome Irgetu)

주한 에티오피아 파병부대인 강뉴부대 제1진 부대장인 테쇼매 중령은 1914년 아다스아바바에서 태어났다. 테페리 메코넨 초등학교와 하일레 셀라시에 사관학교를 졸업하고 1936년 중위에 임관되었다. 1945년 대위, 1947년 소령으로 승진하였고 1951년 중령인 그를 무루게타 장군이 한국으로 파병될 강뉴부대 첫 번째 부대장으로 선발했다.

에티오피아군이 한국전쟁에서 얻은 첫 번째 승리의 월계관은 테쇼메 중령이 지휘한 병사들이 썼다. 테쇼메 중령은 황실근위대에서도 뛰어난 장교로서 강뉴부대를 훈련 과정에서부터 한국전쟁 실전 배치까지 성공적으로 통솔했다. 그는 미국 장군들 중에서도 미국 합참의장 브래드리 (Omar Bradley) 대장으로부터 극찬을 받았다. 테쇼메 중령의 탁월한 지휘로 에티오피아 전사들은 한국에서 연전연승을 기록하게 되었고 강뉴부대에 자랑스러운 기록을 남겼다.

특히 1951년 10월 북한군과 치열한 백병전 때 테쇼메 중령은 그가 배운 전술과 닦은 훈련 그리고 타고난 자질을 유감없이 발휘했다. 적군이 점령해 진지를 강화하고 방어를 철저히 하고 있는 전략 요충지인 산을 공격하라는 명령을 유엔군사령부로부터 받자, 테쇼메 중령은 뛰어난 지략으로 적을 공격하여 퇴각시키고 진지를 점령했다. 이 전투로 강뉴부대 전사들은 미국 정부로부터 표창장을 받았다.

여러 뛰어난 전공으로 테쇼메 중령은 한국과 미국의 훈장을 받았다. 그가 임무를 완수하고 귀국하자 셀라시에 황제는 그에게 기사 작위를 수여했다. 테쇼메 중령은 주한 에티오피아 부대의 빛나는 승리의 전통의 금자탑을 쌓은 선구자였다.

제 8 장

영광에의 길

에티오피아 용사들을 실은 미군 수송선 메크리어호는 1951년 5월 7일 한반도 남쪽에 위치한 부산에 도착했다. 이승만 한국 대통령을 비롯하여 주한 미국대사, 군수사령관과 수많은 군중이 열렬히 아프리카에서 온 에티오피아 전사들을 환영했다. 21일의 항해 동안 에티오피아 장병들이 선상에서 보여준 절도 있는 행동은 선장을 비롯한 미국 승무원들의 탄성을 자아냈다. 강뉴부대장에게 수여된 표창장에 에티오피아 병사들의 높은 사기와 모범적인 행동이 잘 나타나 있다. 이승만 대통령이 강뉴부대장에게 화환을 수여하고 환영식이 끝난 후, 강뉴부대 장병들은 수송선에서 내려 트럭에 나눠 타고 부산의 유엔군 특별훈련장으로 이동한 후 그곳에서 6주 동안 머물렀다. 그동안, 그들은 현대식 무기 작동법과 한국 지형에 맞는 전술훈련 등을 강도 높게 받았다.

현지 적응훈련 후, 강뉴부대는 미국 제4군단 제7사단 32연대의 4대대로 배속되었다. 7사단은 당시 경기도 가평 전선을 관할하고 있었다. 그곳에서 미군들과 함께 적의 전술에 대처하는 실전 훈련 등을 집중적으로 받왔다. 훈련을 아주 잘 소화했기 때문에 사실 에티오피아 전사들에게 미군 고문 등 안내자가 필요 없을 정도였다.

그 무렵 한국전쟁의 양측은 물밑 대화를 마치고 본격적인 정전회담 단계에 접어들고 있었다. '철의 삼각지'에서 피비린내 나는 혈전을 벌이고 있을 때, 유엔군 방송은 유엔군사령관 리지웨이(Ridgway) 대장이 공산군 측에 정전회담에 임하라는 뉴스를 전했다. 공산군들은 유엔군의 정전회담 제안이 세가 불리해서 나온 것이라고 억측했다. 사실 그때 정세는 공산군 측이 오랜 전쟁을 지탱해 내기 힘겨워 재정비할 시간이 필요한 상황이었다. 그들은 리지웨이 장군의 정전회담 제의를 절호의 기회로 여기고 회담을 수락했다. 그러나 그들의 저의는 시간을 벌자는 것이지, 어떤 합의를 이끌어내자는 것은 아니었다.

개성에서 정전회담이 열렸지만 공산군 측은 전술만 바뀌었을 뿐, 그들의 침략 야욕은 바뀌지 않았다. 그들의 목적은 그때와 지금도 그리고 앞으로도 한반도를 적화시키고 여세를 몰아 일본마저도 정복하는 것이다. 1953년 7월 중공은 유엔에 가입하여 대만의 장제스 정권을 무력화시키려 하였다.

공산군은 개성에서 정전회담을 벌이면서 전선에서는 공격을 강화했다. 1951년 7월 말 즉각 진격하라는 명령을 받은 미 7사단은 8월 2일에 중부전선 요충지를 점령했다. 미 7사단 32연대에 배속된 에티오피아 전사들은 임전무퇴의 정신으로 최전선에 당도했다. 그들은 셀라시에 황제의 명령을 수행할 때가 왔다고 생각하며 전의를 다졌다. 그들은 출정식 때 황제가 그들에게 당부한 말을 떠올렸다. 그들은 이 전쟁에 모든 것을 걸고 기필코 승리하여 황제의 기대에 부응하고 조국에 영광을 바치자고 다짐하였다. 강뉴부대 전 장병은 오로지 '목숨 걸고 싸우자'라는 일념으로 불탔다.

1951년 8월 2 일부터 24일까지 7사단은 중부전선 요충지에서 적들의 대규모 공세를 대비하고 있었다. 강뉴부대가 소속된 32연대는 중부전선 후방을 관할하며 적의 침투에 대비하고 있었다. 이 시기에 강뉴부대의 임무는 다음과 같았다.

1. 사단 관할 지역내 어느 곳, 어느 때라도 출동해 빼앗긴 진지를 탈환할 것
2. 사단 왼쪽 부분을 엄호할 것

이 기간 동안에도 훈련에 게으르지 않던 강뉴부대는 소속된 다른 부대원으로부터 칭송을 받았다. 강뉴부대원들은 명령받은 정찰을 완벽하게 수행하며 결전의 날이 오기를 기다렸다. 적도들은 전선을 교란시키려 끈질기게 공격해왔고 강뉴부대는 8월 2일부터 24일까지 생생지역 방호전에 참가했다.

7사단이 장악하고 있는 판당돈리에 위치한 1073 고지는 전략적으로 매우 중요했다. 적은 쉴 새 없이 이 진지를 공격해와 위험에 빠졌다. 이 진지를 빼앗긴다면 큰 위험에 처하게 되었다. 아마도 중부전선 전체가 흔들리게 될지도 모르는 상황이었다. 이 진지를 사수하기 위해 유엔군은 정찰을 강화하고 1073 고지에 이르는 중요한 길목마다 매복조를 배치하는 등 모든 조치를 강구했다. 이러한 조치가 완벽해 적들은 이 진지를 점령하지 못했다.

이 1073 고지 사수작전에 에티오피아군이 주도적 역할을 담당했다. 그들은 뛰어난 작전으로 적의 공격을 차단했고, 총검술로 단련한 백병전과 충천한 사기로 적을 압도했다.

MANCHURIA

USSR

●CH'ONGJIN

●SINUIJU

●HUNGNAM

●PYONGYANG
●CHINAMP'O
●Pyonggang
●Ch'orwon
●Kumhwa
●HAEJU
SEOUL
●INCHON

38°

●TAEGU

MOKP'O●
●PUSAN

점선의 사각형 지역이 강뉴부대의 작전지역임.

이 전투에서 탁월한 전공을 이룬 에티오피아 장병들은 미국 한국 에티오피아의 훈장을 수여받았다. 다음의 표창장 내용을 보라.

"1951년 8월 14일 오후 4시, 게브레수스(Gebresus) 중위는 적들을 사살하거나 생포하라는 명령을 받고 1073 고지를 출발했다. 8월 15일 새벽 1시 분대조로 나뉘어 출발한 그들은 박격포 공격을 받았다. 소대는 게브레수스 중위의 지휘로 즉각 방어태세를 갖추고 1073 고지를 향해 돌진한 적을 막았다. 일대에 적들의 포화가 집중되었다. 게브레수스 중위는 적들 진지에 박격포를 명중시켜 많은 적을 사살했다. 게브레수스 중위는 적들의 포탄을 뚫고 이 진지 저 진지로 옮겨 다니며 전 분대를 지휘했다. 4시간이나 계속된 백병전 끝에 전선을 돌파하려던 적은 패퇴하였다.

백병전의 와중에 에티오피아 병사 한 명이 전사하자 기파르(Gifar) 일병이 그를 들춰 업고 50여 미터를 달려 안전한 지역으로 옮겼다. 그는 달려드는 적을 향해 자동소총을 퍼부어 적들을 사살했다. 그의 분전으로 수적 우위에 있던 적들이 사상자를 남기고 퇴각했다. 이 전투에서 기파르 일명의 활약은 가히 일당백이었다.

1951년 8월 16일 아베베(Abebe Kassahun) 소위가 인솔하는 소대가 적이 올 길목에서 매복해 있다가 적을 생포하려고 진지를 출발했다. 아베베 소대가 1073 고지 밑의 강어귀까지 나가자 적이 박격포로 맹렬히 공격해왔다. 박격포 공격에도 아베베 소위는 각 분대의 형편을 살피기 위하여 이곳저곳으로 다니며 정보를 수집했다. 3시간 반의 교전 끝에 아베베 소대는 한 명의 전사자를 내고 아베베 소위는 적의 포위망과 집중 포화를 뚫고 부상자 한 명을 부축하고 진지로 귀환했다.

몰라(Molla) 하사는 소대가 고지 탈환을 위해 진격할 때 후미에서 엄호하도록 되었다. 몰라 하사는 적진을 포격 후 돌진해 백병전을 벌여 적군 4명에게 치명상을 입혔다. 이 틈을 타 일부 소대원들은 부상자를 옮기고 다른 병사들은 좀 안전한 고지로 올라갔다. 몰라 하사의 용기가 다른 병사들의 사기를 올렸다.

1951년 8월 21일 네가투(Negatu Wandemu) 대위가 전투대형으로 진군하고 있을 때, 적의 기습공격을 받고 흩어져 방어태세를 갖추고 재빨리 공격 자세를 취했다. 그의 지휘로 고지를 점령하고 적을 퇴각시켰다. 네가투 대위는 더 많은 적들이 공격해올 것을 예측하고 중대원들을 요소요소에 매복시켰다. 예상대로 더 많은 적군이 공격해오자 네가투 대위의 진두지휘로 적에게 박격포와 자동소총으로 집중 포격했다. 이에 적군은 많은 사상자를 남기고 패퇴했다. 이번에 중대의 임무가 성공적으로 수행된 것은 네가투 대위의 뛰어난 지휘력과 용감무쌍한 정신력 덕이다.

1951년 8월 24일 중대의 선봉 소대장인 데스타(Desta Gemeda) 중위는 진군하던 중 적의 박격포와 자동소총의 집중 포격을 받았다. 적의 포화에 아랑곳 하지 않고 데스타 소위는 적정을 엄밀히 정찰한 후 무전기로 아군 포병부대에 적의 정확한 위치를 알려 포격하게 했다. 동시에 소대원에게 진격 명령을 내려 적 한 명을 생포하고 패퇴시켰다. 데스타 중위의 용감한 행동과 기지로 소대는 임무를 성공적으로 완수했다.

전투 중에 통신시설이 망가져 본부와 일선 소대의 연락이 끊겼다. 테페라(Tefera Waldetensye) 대위는 통신장교로서 부대 간의 메시지를 전달하고 통역하는 임무를 맡았다. 테페라 대위는 적의 포화를 뚫고 직접 각 소대에게 본부의 명령을 전했다. 또한 그는 망가진 통신시설을 직접 정비하여 본부와 예하 소대의 교신을 가능케 했다."

이 기간 동안 강뉴부대 장병들은 용감히 싸워 중부전선을 와해시키려는 적군을 물리쳤다. 그 결과 7사단장 페렌바우 소장은 1951년 8월 19일 다음과 같은 치하의 편지를 강뉴부대에 보냈다.

"나는 강뉴부대가 1951년 7월 10일 우리 사단에 배속된 이후 에티오피아 군이 보여준 용기, 열정과 사명감을 높이 평가합니다.

우리 부대에 도착한 이후 귀 장병들은 미군의 현대식 무기와 장비 그리고 전술에 맞는 고된 훈련을 잘 소화하고 한국 지형에 맞는 여러 실전 훈련을 잘 해냈습니다. 그 결과 적과 교전이 있을 때마다 큰 공을 세웠습니다. 여러분 들은 수색대원으로 어려운 임무를 완벽하게 수행했습니다.

여러분의 협력, 임무에 대한 책임감과 전투 중의 용맹은 과히 적들을 놀라 게 했고 우방국의 칭송을 받기에 부족함이 없었습니다. 나는 강뉴부대가 우 리 사단에 있음을 자랑스럽게 생각합니다. 여러분들의 계속적인 무운을 빕 니다."

페렌바우 사단장의 상기 감사서한이 강뉴부대원들에게 낭독되자 에 티오피아 병사들은 만감에 젖었다. 그들의 전투능력이 처음으로 공인되 었다는 사실에 그들은 환호했다. 그들은 앞으로 한국전에서 더욱 열심히 싸워 적들을 물리쳐 한국의 자유를 지키고 나아가 조국 에티오피아에 영 광을 바치겠다는 다짐을 새롭게 하고 그 때가 빨리 오기를 기다렸다. 그 리고 준비된 그들에게 기회는 빨리 왔다.

1951년 8월 24~26일 사이 강뉴부대는 적의 대규모 공세에 맞서 치열 한 백병전 끝에 적들을 물리치고 여세를 몰아 공격하여 적의 진지를 빼앗 는 전과를 올렸다. 이 전투에서 강뉴부대 장병들은 누구나 할 것 없이 영웅적인 감투 정신으로 큰 전공을 세웠다. 이 전투의 승리를 치하하기 위하여 미 8군단장이 여러 에티오피아 전사들에게 수여한 표창장을 몇 개 인용한다.

"1951년 9월 11일 월데(Wolde Sadic Tesfaye) 중위와 소대원은 야음을 틈타 적의 진지를 향해 소리 없이 진격하다 자동소총 공격을 받았다. 월데 소위는 소대 소총수들에게 엄호 사격을 지시하고 적의 벙커 오른쪽으로 몸을 날려 수류탄을 적에게 정확하게 투척하여 적들을 사살했다. 월데 소위의 종횡무진 활약으로 적의 방어선을 물리치고 요충지를 점령했다. ……

1951년 9월 12일 베르하누(Tarik Berhanu) 중위는 적의 진지강화를 저지하라는 명령을 받고 소대원들을 산등성이에 긴급히 구축한 참호에 배치하고 적의 공격을 기다렸다. 구축한 참호가 적의 공격에 취약하여 속전속결이 최상이라고 판단한 베르하누 중위는 적의 진지와 그에 이르는 길목에 엄호사격을 지시하고 적의 진지로 용감하게 돌진하였다. 베르하누 중위의 용감한 행동에 사기가 오른 소대원들은 3시간 반의 백병전을 승리로 이끌고 후속 부대가 진지를 점령했다."

소대를 구하기 위해 몸을 던진 병사

단결과 희생정신은 에티오피아 병사들의 덕목이었다. 자유세계의 평화를 지키기 위한 유엔군의 한국전쟁 참전의 중요성을 잘 알고 있는 에티오피아 전사들은 대의 앞에 누구나 목숨 바쳐 싸울 투지에 차 있었다. 그들은 한결같이 다음의 각오를 마음 깊이 다졌다. "하나는 전체를 위하여, 전

부산항에 도착한 강뉴부대 장병들을 환영하는 이승만 대통령과 케베데 게브레 대령

수송선에서 내리는 강뉴 용사들

부산 유엔군 훈련소에서 제식훈련 중인 에티오피아 전사들

미 8군단장 반 프리트(James A. Van Fleet) 장군과 강뉴부대 박격포 병사

부산 유엔군 훈련소에서 30밀리 기관총 사용법을 듣고 있는 에티오피아 병사들

1073 고지를 공격하기에 앞서 적진을 살피고 있는 아바테 네가쉬 소위, 알레마예후 카사 소위, 완데무 네가투 대위, 타페라 카케토 소위

심파령 진지에서 눈과 얼음을 치우며 진지를 강화하는 강뉴 용사들

605 고지에서 중공군에게 포격하는 강뉴 박격포 대원들

혹독한 추위에도 불구하고 캐리버 50으로 적을 포격하는 에티오피아 전사들

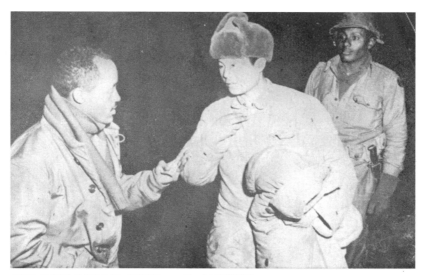

생포한 중공군을 조사하고 있는 자가예(Zagaye Yemitu) 대위(왼쪽)

가평에서 테페라(Tefera Waldetensye) 대위에게 미국 은성무공훈장을 달아주는 미 육군 7사단장 리만(Lyman Lemnitzer) 장군

중공군의 고지를 향해 75밀리 무반동 자주포를 발사하는 강뉴부대 포병들

상양리에서 정찰을 떠나기 직전 작전지시를 하는 강뉴부대 중대장

체는 하나를 위하여" 상기 정신을 나타내는 에티오피아 장병들의 사례는 한국전쟁이 계속되는 동안 수없이 많다. 그중 하나는 아래와 같다.

1951년 9월 12일 오전 강뉴부대 1대대는 소대 병력을 차출해 적의 주 방어선(MLR, Main Line of Resistance) 근처에 있는 악마고지를 공격하여 적 군을 사살하고 점령하라는 명령을 받았다. 테파라 중대장은 이욥(Eyob) 소위에게 소대원을 이끌고 출동하라고 명령을 내렸다. 이욥 소대장이 밤 이 이슥하여 적의 진지로 출동한 후 2시간 반만에 적과 조우했다. 중공군 도 MLR을 지키기 위해 그 진지의 중요성을 잘 알고 있었기에 진지를 철 통같이 구축하고 그 후방에도 많은 군을 배치하고 있었다.

드디어 에티오피아군과 중공군의 치열한 접전 끝에 에티오피아군이 중공군의 방어선을 뚫고 고지에 올랐다. 그러나 고지 뒷면에 숨어 있던 중공군이 즉각적으로 공격해 와 또다시 피비린내 나는 백병전이 시작되 었다. 수적으로 절대 우위에 있던 중공군의 작전은 에티오피아군을 포위 하여 섬멸하려는 것이었다. 치열한 공방전 중에 이욥 소위가 중상을 입 어 지휘할 수 없게 되었다. 적은 에티오피아군을 겹겹이 에워쌌고 소대 원들에겐 절체절명의 순간이었다. 이 순간에 레마(Lema Morra) 병사가 한 쪽 지점으로 달려가 적에게 자동소총을 쏘며 동료 소대원들이 퇴각할 길 을 만들었다. 동료들은 중상을 입은 이욥 소대장을 부축해주며 모두 생 환했다. 퇴로를 만든 레마 병사만 제외하고. 레마 병사는 죽는 그 순간까 지 평소 마음에 새기던 '하나는 전체를 위하여, 전체는 하나를 위하여'의 정신에 투철했던 것이다. 레마 모라의 희생정신은 에티오피아 전사뿐만 아니라 전 유엔군의 마음에 새겨져 귀감이 되었다.

제 9 장

적군의 예기 꺾기

1951년 9월 16~22일 사이 강뉴부대는 유엔군의 대규모 작전을 위해 중요 정보를 수집하기 위한 아주 특별하고 공세적인 정찰을 벌였다. 이 정찰을 통해 적군의 배치, 무기고 위치 등 적정을 소상히 상부에 보고했다.

드디어 강뉴부대는 적군이 참호를 깊게 파고 철통같이 장악하고 있는 고지를 점령하라는 명령을 받았다. 사단 중거리포의 지원사격을 받으며 강뉴부대 장병들은 전투 대형을 유지하며 진지를 향해 기어올랐다.

9월 16~22일 사이 강뉴부대는 한국전쟁에서 길이 빛날 전과를 올렸다. 용맹하고 투지에 찬 불패의 정신으로 그들은 전투에 임했으며, 그 전투로 그들은 에티오피아군의 전투 능력을 세계에 과시했다.

이 시기의 강뉴부대 전사들의 용맹성과 전공은 각종 공식기록에 생생히 기록되어 있으며, 다음 몇 가지만 발췌했다.

"…… 1951년 9월 19일 아세파(Mesheshe Assefa) 중대장은 적군이 지키고 있는 전략적 요로를 공격해 장악하라는 명령을 받았다. 아세파 중대는 빗물과 잡목으로 엉킨 협곡을 헤치며 조심스럽게 산등성이를 올랐다. 공격하기에 좋은 위치에 중대원을 배치한 아세파 대위는 1소대에 진격 명령을 내렸다. 그러나 적군이 기관총과 자동소총의 집중 포화로 1소대의 진격을 저지하자 아세파 대위는 2소대에게 적의 측면을 공격하라고 명령하고 자신은 3소대를 이끌고 과감하게 적의 정면을 공격해 들어갔다. 고지 정상에서 적과 치열한 백병전 끝에 에티오피아 전사들은 완강한 적을 제압하고 전략적 요충지에서 적군을 패퇴시켰다. ……"

"…… 1951년 9월 21일 메리드(Merid Gizaw) 대위는 예하 중대원을 인솔, 적 진지로 진격하다가 기관총과 자동소총 공격을 받고 즉각 방어태세를 갖췄으나, 워낙 지형이 불리해 중대가 전멸당할 상황이었다. 부하들에게 용기를 북돋우며 작전 지시를 내린 다음 메리드 대위는 몸을 구부린 채 기관총을 발사하며 비호같이 달려갔다. 이에 용기백배한 모든 중대원들이 적진을 향해 총을 쏘아대자 적군은 많은 사상자를 남기고 도주했다. 메리드 대위는 진형을 정비, 좋은 위치에 부하들을 배치한 다음 또 다른 적과 근처에서 접전을 벌이고 있는 아군을 도와 그 적마저 패퇴시켰다. ……"

602 고지를 점령한 테페라(Tefera Waldetensye) 대위의 무용담도 빠뜨릴 수 없다.

"…… 테페라 대위가 602 고지를 공격할 때 적군은 물샐 틈 없는 경계태세를 갖추고 있었다. 테페라 중대의 공격을 기다리고 있던 적군은 사정권 안에 오자 중화포로 공격했다. 선두에서 전투를 지휘하던 테파라 대위는 총상을 입고 유혈이 낭자했지만 물러서지 않고 부하들을 지휘하며 3시간 동안 격전을 벌였다. 마침내 적은 많은 사상자와 진지를 버리고 패퇴했다. ……"

이즈음의 전투에서 아네레이예(Teguegu Aneleye) 하사와 아비튜(Abitte Abitew) 일병의 영웅적인 자기희생도 전 유엔군의 귀감이 되었다.

"…… 판동리 전투에서 아네레이에 하사는 일약 유엔군의 영웅으로 떠올랐다. 1951년 9월 17일 아네레이에 하사는 적군을 공격했으나 적은 견고한 참호 속에서 에티오피아의 공격을 막아내며 여세를 몰아 공세로 전환했다. 아네레이에 하사는 부상병을 후송케 하고 나머지 병사들을 진두지휘, 치열한 백병전 끝에 적들을 패퇴시키고 진지를 점령했다. 전투 중에 자신도 총상을 입었지만 치료를 뒤로 미루고 아네레이에 하사는 부하들을 재정비하고 적이 연이어 두 번이나 공격해왔지만 잘 막아냈다."

"…… 1951년 9월 20일 아비튜 일병이 수많은 적군이 방어하고 있는 요충지를 공격하자 적은 자동소총과 기관총과 수류탄으로 이들을 저지했다. 이에 일단 후퇴한 소대는 2명의 병사가 보이지 않음을 알았다. 이에 아비튜 일병은 그들을 구하기 위하여 자발적으로 적진을 향하여 100미터 쯤 돌진하였으나 2명이 모두 전사했음을 알았다. 동료의 전사에 분격한 아비튜 일병은 적진을 향해 맹렬히 총을 쏘고 수류탄을 던졌다. 용기 있는 아비튜의 분전에 사기가 오른 소대원들이 차고 일어나 적진을 향해 돌격했다. 적은 마침내 진지를 버리고 패퇴했다. ……"

6일 동안의 치열한 접전과 백병전 끝에 강뉴부대는 전략적 고지인 삼현고지를 점령했다. 치열한 공방전 끝에 에티오피아군은 6일째에 중공군에게 치명타를 가하고 삼현고지를 점령했다. 에티오피아 전사들의 탁월한 총검술에 전멸만은 피하려고 도주하던 중공군들은 미국 공군기의 총격을 당했다. 강뉴부대장은 무전으로 미국 공군기의 출동을 요청했던 것이다. 에티오피아의 지상군과 미국 공군의 합동작전으로 중공군은 최악의 날을 맞았으며 이들은 나아가지도 물러서지도 못하고 갈팡질팡했다. 머무른 자는 에티오피아군 총검에 도망가는 자는 전투기의 총격에 쓰러졌다. 중공군의 사망자는 수천을 넘어 헤아릴 수 없었고 전선 일대는 온통 이들의 시체로 뒤덮였다.

9월 16~22일 사이 벌어진 전투를 대승으로 이끈 강뉴부대에 미국 트루먼 대통령은 표창장을 수여했으며 투지와 사기로 가득 찬 부대라고 치하했다.

"에티오피아 용사들은 산등성이를 오르며 적들을 공격하여 적을 사살하며 진지를 점령했다. 고지를 점령한 강뉴부대는 이웃한 산등성이에 많은 적군이 있는 것을 관측하고 중거리포 사격을 요청한 후, 미국 공군의 엄호 아래 전광석화와 같이 적진을 유린하여 백병전으로 적에게 많은 사상자를 입혔다. 에티오피아 병사들은 뛰어난 총검술로 적진 한곳을 집중 공략하고 적 참호 속으로 진입해 적병을 유린했다. 적들은 에티오피아 용사들의 신속한 작전과 총검술에 기가 질려 도주했고 진지를 빼앗겼다. 에티오피아 전사들의 용맹성, 투지, 목표에 대한 신념은 그들의 자산이며 에티오피아군의 오래된 전통의 소산이었다."

1951년 9월 26에 강뉴부대는 점령한 진지들을 미국 7사단에 인계하였다. 1951년 8월 2일부터 9월 26일까지 에티오피아군이 세운 공식 전공은 다음과 같다.

"사살 587명, 부상 656명, 생포 10명 및 기관총 10정, 박격포 24문, 다수의 소총과 수류탄 포획."

전술했듯이 9월 16일부터 22일까지 7일 동안 강뉴부대는 한국전쟁에서 빼놓을 수 없는 한 페이지를 장식하고 미국 대통령의 표창을 받았으며, 이는 에티오피아군이 공산주의에 대항해서 자유세계의 평화를 유지하는데 크게 기여했음을 말해주고 있다.

에티오피아 용사들은 9월 26일부터 10월 10일까지 전선 후방에서 휴식을 취하면서 진용을 정비한 후 '심파령(Heart Break Ridge)'으로 향했다. 이 시기에 강뉴부대의 뛰어난 전투력은 유엔군의 찬탄을 자아냈고 적에게는 공포의 대상이었다. 10월 28일 만대리에 주둔하고 있던 강뉴부대를 개미떼처럼 적이 공격해 왔다. 적의 주력 부대가 테사페(Tessfaye Beyene), 네가(Negga Tessema), 하일레(Haile Marial Isheta), 바이에사(Bayesa Kenate) 등 소총수 4명이 경계를 서고 있는 곳에 집중되었다. 이들은 적의 수에 놀라지 않고 놀라운 투혼으로 2시간에 걸친 접전 끝에 공격을 막아냈다.

강뉴부대는 10월 29일까지 19일 동안 심파령을 지키면서 여섯 번의 전투를 모두 승리로 이끌었다. 그들은 적진을 정찰하고 매복하고 공격하는 데 빈틈이 없었다. 14일 동안 전투를 벌였으며, 여섯 번의 중대 규모 전투, 아홉 번의 적진 정찰과 매복을 통해서 150명 사살, 20명을 생포하는 전과를 올렸다.

이로써 에티오피아군의 탁월한 전투력은 다시 한번 입증되었다. 7사단장 페렌바우 장군은 강뉴부대장에게 1951년 11월 22일 서한을 보내

이들의 뛰어난 공을 치하했다.

"정찰조가 적진 깊숙이 침투하여 적군 1개 소대와 맞닥뜨려 교전을 벌여 적군 여러 명을 사살하고 정찰조도 1명 전사했다. 이 정찰조는 정찰병의 본보기 규범을 보여주었으며, 이를 토대로 포병의 포격이 정확히 이루어졌다. 이 정찰조를 완벽하게 이끈 마모 체콜(Mammo Checol) 중위는 표창장을 받았다."

"이 전투를 승리로 이끈 강뉴부대는 우리의 공동 사명인 한국의 자유를 지키는데 크게 기여하고 있음을 다시 한번 보여준 쾌거입니다."

그뒤 8일 동안 후방에서 휴식한 강뉴부대는 문등리 전선 방어 임무를 부여받았다. 문등리는 지형상 방어하기가 무척 어려웠다. 그러나 전략적 요지여서 유엔군으로서는 반드시 지켜야 할 곳이었다. 전망대를 설치할 곳도 없기에 적이 들키지 않고 쉽게 공격해올 수 있었다. 그래서 강뉴부대장은 공격 전술을 택하기로 결심했다. 며칠 동안 강뉴부대는 때로는 중대 단위로 때로는 소대 단위로 연이어 적을 공격했다. 이 접전을 통해 에티오피아군의 전투력에 놀란 적은 공격할 생각을 버리고 방어에만 주력했다.

1951년 11월 7일부터 12월 1일 재정비를 위해 후방으로 갈 때까지 에티오피아군은 200명 사살, 86명 생포, 40여 포진지 파괴, 다량의 자동소총과 기관총 및 수류탄을 획득하는 전과를 올렸다.

그 당시 에티오피아 전사들에게 불어 닥친 시련은 한국의 혹독한 추위였다. 한국의 겨울은 영하 30도를 넘나들었으며 시베리아에서 불어오는 찬바람은 연중 온화한 기후에만 익숙한 에티오피아 전사들에게는 총을 든 적군보다 더 위협적이었다. 강은 모두 얼어 고속도로처럼 되었고 산야는 흰 눈으로 온통 뒤덮였다. 평생 이런 매서운 추위를 경험한 적이 없는 강뉴부대는 다른 어느 나라 유엔군이나 한국군보다 동장군에게 시련을 당했다. 그러나 자유를 지키겠다는 의지의 불꽃이 심장에서 타오르며 육신의 추위를 이기게 했다. 강뉴 용사들은 한국의 자유와 평화를 지키겠다는 일념으로 동장군과 공산군과 싸우고 또 싸웠다.

12월 1일 강뉴부대는 심파령 후방으로 배치되어 13일 동안 전열을 재정비했다.

황실근위대 장교를 희생하다

1951년 12월 18일 하일레 셀라시에 황실근위대는 전투 중 처음으로 장교가 전사당하는 비운을 맛보았다. 이 장교의 이름은 데제니에(Dejenie) 소위로 2중대 정찰대장이었다. 그는 적진을 정찰하기 위해 깊숙이 잠입했다. 그즈음 공산군은 휴전협정이 곧 서명될 것이라고 대대적인 선전을 펼쳤다. 그래서 크리스마스 이전에 휴전이 성립될 것이라고 누구나 생각했다. 공산군의 선전을 믿지 않던 8군단은 적진 정찰을 계속 강화했다. 매일 적진에 정찰병을 보내 적정을 탐지하고 동향을 살폈다. 이때 데제니에 소위가 정찰 임무를 수행하라는 명령을 받았다.

그러나 공산군은 매복조를 배치하고 흰 눈으로 이를 위장했다. 12월 18일 그날은 온 전선이 흰 눈으로 뒤덮였다. 생전 처음으로 에티오피아 용사들은 눈 덮인 산야를 보았다. 그들은 눈 덮인 산야를 신기한 듯 처다

보았지만 그 하얀 눈 속에 은신한 적병을 눈치 채지 못했다. 그들은 그 하얀 눈과 그에 반사되는 햇빛에 익숙하지 않았다. 하얀 제복으로 눈 속에 매복한 중공군을 보지 못하고 그들을 지나쳐 적진 속으로 들어가자 갑자기 앞뒤에서 적들이 공격해왔다. 데제니에 소위는 속절없이 쓰러졌다.

이에 격분한 정찰대원들이 즉각 백병전을 벌여 뛰어난 총검술로 많은 적을 쓰러뜨리자 적들이 도주했다. 에티오피아 정찰대원들은 데제니에 소대장을 잃은 슬픔에 잠긴 채 본대로 돌아왔다. 그러나 에티오피아 정찰대를 전멸시키려는 중공군의 계획을 좌절시키고 그들은 귀환한 것이었다.

만대리에서의 두 번째 전투로 강뉴부대는 15정의 기관총 포획, 적의 수많은 벙커 파괴 등 큰 전과를 올렸다.

1951년 12월 중 강뉴부대의 가장 의미 있는 전투는 2일 동안에 걸쳐 일어났다. 에티오피아 군은 정찰대를 보낸 상황에서 중공군이 주요 전선에서 동시에 공격해왔으나, 에티오피아 전사들 모두가 하나 같이 영웅적으로 싸워 70명의 적을 사살하고 10명을 생포했다.

1951년 12월 24일 강뉴부대 장병들 중 49명이 에티오피아 정부로부터 9명은 미국 정부로부터 훈장을 수여받았다.

12월 27일 공격 및 방어 임무를 맡고 만대리 분지에 주둔했다. 진지를 강화한 후 강뉴부대는 1개 중대를 적진에 보내 기습작전을 폈다. 나머지 장병들은 공격 준비를 갖추고 있다가 선봉부대가 적진에서 공격을 개시하자 동시에 중공군을 공격했다.

이즈음 강뉴부대는 날마다 밤낮으로 수색대를 보내어 적진을 무자비하게 교란시켰다. 에티오피아 전사들은 수적으로 우세한 중공군을 탁월한 작전과 뛰어난 총검술로 제압했다. 강뉴부대 수색대는 임무를 수행하

경기도 가평에서 셀라시에 황제 탄신일 축하 행진을 마치고 황제 사진을 보고 있는 에티오피아 병사와 미국 병사

셀라시에 황제 즉위 21주년 축하연에서 건배하는 32연대장 하이타워 대령, 7사단장 페렌바우 장군, 케베데 게브레 대령, 테쇼메 중령

에티오피아 전통 악기 마씬코를 연주하는 병사

밀가루 속에 든 동전 찾기 게임하는 병사들

에티오피아판 맹인의 허세 게임 중인 병사. 줄에 달린 주전자 중에 하나는 상이 들어 있고 다른 것은 물이 들어 있음

황제 탄신일을 맞아 에티오피아 병사들과 함께 춤을 추는 미 7사단장 페렌바우 장군

가평에서 맹인의 허세 게임에서 물을 터뜨리는 미국
병사

황제 탄신일을 맞아 가평에서 기념 촬영하는 강뉴부대 의무대원들

지 못하고 귀대하는 것은 생각하지도 못했다. 지략과 용기로 적진을 돌파하여 적을 패퇴시켰다. 1952년 1월 12일 오전 강뉴부대 수색대의 활약을 보자.

"후항리의 적진을 정찰하고 적을 만나거든 싸우라는 명령을 받은 강뉴부대 수색대는 진지를 떠나 적진으로 진입했다. 기다렸다는 듯이 수많은 적이 강화된 진지에서 기관총과 자동소총으로 공격했다. 강뉴부대 수색대는 즉각 엄폐물을 찾았으나 평지여서 숨을 곳이 없어 어떤 기적적인 조치가 없으면 몰살당할 절체절명의 순간이었다."

"그때 월데미카엘(Woldemichael Manno) 하사, 카사예(Kassaye Welde) 일병과 메쉐타(Mesheta Haile) 일병이 위험을 무릅쓰고 자리를 박차고 일어나 총을 쏘며 적진으로 돌진해 적 참호 속으로 뛰어 들어가 적을 사살했다. 그들의 영웅적 감투정신으로 적들은 공격 대신 그들 진지 방어에 급급하자 뒤에 남아 있던 대원들도 사기가 올라 맹공을 펼쳤다. 적들은 많은 사상자를 남기고 패퇴했다."

'벽력작전(Operation Clamor)'으로 불리는 문둥리에서 펼친 강뉴부대 수색대의 이 작전은 1952년 2월 14일까지 계속되었다. 1951년 12월 27일부터 1952년 2월 14일까지 강뉴부대는 150명 사살, 280명 부상, 40명 생포의 전과를 올렸다.

1952년 3월 25일 강뉴부대 1진은 한국에서의 모든 임무를 마쳤다. 3월 27일 미 4군단장, 미 7사단장 등 고위 장성들을 모시고 고별 열병 분열식을 끝으로 전선을 떠나 부산으로 갔다. 그곳에서 미국 수송선을 타고

고국 에티오피아로 떠났다. 조국을 떠난 지 1년만인 1952년 4월 23일 강
뉴부대 1진은 한국과 셀라시에 황제와 조국 에티오피아 나아가 인류를
위해 부여된 임무를 다 마치고 영광의 월계관을 쓰고 에티오피아에 귀국
했다.

강뉴부대 1진이 귀국한 후 1952년 6월 주한 유엔사령관 클라크(Mark
M. Clark) 대장은 주한 에티오피아 파병부대 부대장에게 감사서한을 보내
왔다. 그 서한에 강뉴부대 장병들의 용맹성과 전투력에 대해 유엔군이
얼마나 감동을 받았고 찬사를 보내는가가 잘 나타나 있다.

　친애하는 케베데 대령 귀하

　강뉴부대 1진이 한국에서 1년 동안의 임무를 성공적으로 마치고 2진과 임
무교대를 하게 됨을 축하드립니다. 이 기회를 빌려 귀 부대가 한국에서 유엔
군의 일원으로 유엔의 이상인 세계 평화를 위하여 크게 공헌한 것을 진심으
로 치하드립니다. 공산주의의 침략을 저지하여 한국의 자유를 지키기 위하
여 귀 부대가 세운 수많은 전과에 대하여 여러분의 셀라시에 황제와 귀국은
자랑스러워하리라 본인은 믿습니다. 모든 자유세계의 염원인 세계 평화는
여러분의 봉사와 희생이 있어서 가능한 것입니다.

　우리 유엔군에 강뉴부대와 같은 훌륭한 부대가 있다는 것이 자랑스러우며
주한 유엔군 모두는 강뉴부대장 및 장병 하나하나에게 존경과 찬사를 보냅
니다.

유엔군 총사령관

대장 마크 클라크

제 10 장

영감에 대한 감사

에티오피아 병사들이 한국전쟁에 참전하는 동안 한 가지 심리적인 공통 현상이 나타났다. 그것은 계속되는 전투로 그들 감정의 섬세함은 메말라 져 갔지만 그들 마음 한가운데에 오직 한 가지 생각―전쟁과 이 전쟁으로 그들이 지키고자 하는 이상―을 간직했다. 그리고 그들은 셀라시에 황제 외에 다른 생각은 없었다.

에티오피아 전사들의 마음은 오늘의 조국 에티오피아를 있게 한 황제에 대한 충성심으로 항상 불타고 있었다. 전투 중 위험한 순간순간 마다 황제의 얼굴을 떠올렸고, 그럴 때마다 그들은 용기와 새로운 힘이 솟았다. 전투 중이 아닐 때도 그들은 황제의 얼굴을 떠올렸다. 때로는 전선에서 전투를 지휘 중인 황제의 모습을, 때로는 에티오피아의 생존과 발전을 위해서 노심초사하는 황제의 모습을 그들은 떠올렸다. 황제의 모습은 에티오피아 전사들이 한국에서 싸울 때 그들을 이끄는 횃불이었다.

에티오피아 전사들의 황제에 대한 감사와 충성의 마음은 황제 생일이나 황제 즉위일에 특히 잘 표출되었다. 이 두 기념일에는 전사들은 전쟁에 대한 생각을 모두 벗어버리고 사랑하는 황제에 대한 감사의 마음으로 가득 찼다.

강뉴부대가 한국전쟁 기간 중 후방에 배치되었을 때에는 하나님께 황제의 건강을 위하여 기도한 후 밤늦도록 향연을 즐겼다. 어깨와 가슴을 강하게 흔드는 에티오피아 전통 춤을 추고 황제에게 충성을 다짐하는 노래를 부름으로써 그들은 한없이 기뻤고 오늘의 에티오피아를 있게 한 황제에 대한 충성심으로 가슴이 뿌듯함을 느꼈다. 어느 시대 어느 나라의 국민보다도 그들은 그네의 황제를 존경하고 사랑했다.

역사상 한때는 국민들로부터 광적인 존경을 받는 군주가 있었다. 그러나 그러한 열광은 진심이 아닌 때가 많았다. 살아 있을 때에는 신처럼 추앙 받던 군주도 때로 있었다. 에티오피아 국민들은 그네의 황제가 결코 신이 아니라는 것을 잘 알고 있다. 황제도 한 인간에 불과하며, 미 7사단장 스미스(Wayne G. Smith) 장군이 말한 것처럼 황제도 신에게 전적으로 의존하고 가족과 나라를 위해 신께 기도드리고 나라와 백성을 위하여 늘 노력하겠다고 다짐하는 한 인간이라는 것을 잘 알고 있었다.

셀라시에 황제의 국민들에게 보여준 업적은 분명하다. 바로 에티오피아 자체이다. 에티오피아 국민들은 환상이나 공상에 사로 잡혀 있지 않다. 그들은 직접 보고 느끼고 체험한다. 에티오피아 국민들은 황제를 항상 경외하며 숭상한다. 그리고 1년에 두 번 황제의 생일인 7월 23일과 즉위일인 11월 2일에는 공개적으로 황제를 기리는 행사를 한다. 강뉴부대가 한국에 체류하는 기간에도 항상 이 두 기념일에는 노래를 부르고 춤을 추고 마음껏 마시며 황제께 충성을 다졌다.

이날을 맞아 미 8군 사령관 반 프리트 장군은 강뉴부대에 그들의 뛰어난 전공과 영웅적 행위를 치하하여 미국 대통령 부대표창과 대통령기를 전달했다. 이것은 미국 정부가 외국군 부대에 줄 수 있는 최고의 영예스러운 표창이었다. 에티오피아군이 한국 전선에서 세운 뛰어난 전공을 생각하면 당연한 표창이었지만 역시 에티오피아에게도 대단히 영광스러운 일이었다. 이날 강뉴부대장도 에티오피아에 공을 크게 세운 26명의 용사들에게 에티오피아 훈장을 전달했다.

이날 에티오피아 전사들은 크게 기뻐했고 자랑스러워했다. 황제를 그리며 환호했고 그들 자신이 싸워 쟁취한 전과에 자랑스러워했다. 7사단 연병장에서 거행된 행사에서 반 프리트 사령관은 강뉴부대 깃발에 미국 대통령 페넌트를 달아주고 강뉴부대장 가슴에 대통령 메달을 달아주었다.

반 프리트 장군은 이날 다음과 같이 연설했다.

"…… 강뉴부대 여러분은 공산 침략군의 어떠한 공격에도 진지를 사수했으며 항상 공격의 목적을 달성했습니다. 이 미국 대통령 부대표창은 여러분의 뛰어난 전공에 대해 미국이 줄 수 있는 최고의 표창입니다. ……"

강뉴부대 제2진

1952. 3. 29 - 1953. 4. 5

"······전쟁터에서 피를 흘린 자를 그들의 조국은 결코 잊지 않으리라. 그들의 희생은 후손의 자랑거리로 항상 칭송받으리라. 전능한 하나님의 가호로 그대들 앞날에 항상 승리가 따르리라.······"

에티오피아 황실근위대장
준장 무루게타 불리

중령 아스파으 안다르게(Asfaw Andargue)

강뉴부대 2진의 부대장은 아스파으 중령이다. 그의 지휘로 강뉴부대는 한국전쟁에서 영광스러운 한 페이지를 장식했다.

하일레 셀라시에 사관학교를 졸업한 아스파으 중령은 1941년 중위로 황실근위대 1대대 1소대장으로 처음 부임했다. 그뒤 얼마 안 있어 그는 근위대 1중대 보좌역으로 전출되었다. 1948년 소령으로 진급하고 근위대 1대대장이 되었다. 1950년 중령으로 진급한 그는 1952년 3월 1일 주한 에티오피아 파병 부대장으로 임명되었다.

그는 황실근위대에서 가장 훌륭한 영관 장교로 전술에 능통했으며 그의 부대를 성공적으로 이끈 것을 볼 때 유엔군에 대한 통찰력 역시 뛰어났다고 판단된다. 그는 부대원과 같이 생활하며 자신감과 충성심을 심어줌과 동시에 부대를 항상 장악하고 사기 진작과 부대 전투능력 배양에 힘썼다. 그는 항상 휘하 개개 장병들 전투 능력과 군수장비의 효율성을 최대한 확보할 수 있도록 전투계획을 수립했다. 그의 임무에 대한 책임감, 과감성과 용기는 강뉴부대의 승리의 원천이 되었다. 한국전쟁에서 아스파으 중령과 강뉴부대가 거둔 전과는 그 자신은 물론 에티오피아군 전체의 영예 그 자체였다.

제 11 장

새로운 영광을 위하여

주한 에티오피아 파병부대(부대장 아스파으 중령, 보좌관 케베데(Kebbede) 소령) 제2진은 1952년 3월 9일 에티오피아를 출발해 21일 동안의 항해 끝에 부산항에 도착했다. 그들은 제1진 강뉴부대가 타고 갈 미국 수송선 마크레아 장군호를 타고 왔다. 1진 강뉴부대 장병과 2진 강뉴부대 장병이 부산에서 만났다. 1진 용사들의 얼굴에는 임무를 완수했다는 자부심이, 2진 용사들의 얼굴에는 1진 용사들의 전통을 더욱 빛내겠다는 굳은 각오가 역력했다.

2진 용사들이 마크레아 장군호에서 내려 부산에 있는 유엔군 훈련장으로 트럭을 타고 이동했다. 그들은 그곳에서 4월 12일까지 머물면서 주한 미군으로부터 지급받은 현대식 무기 사용법을 익혔다. 강뉴부대 전사들은 평소에 훈련이 잘되어 있는 데다 장교들은 영어에 모두 능통하여 병사들에게 설명해주어 훈련받는데 아무런 어려움이 없었다.

1952년 4월 13일부터 6월 2일까지 강뉴부대는 미 7사단 32연대의 후방에 배치되었다. 마침내 6월 2일 강뉴부대에 정찰, 매복을 포함한 공격

명령이 떨어져 미주리(Misouri)선을 점령하라는 명령을 받았다.

그즈음 한국 전선은 모두 소강상태를 보이고 있었다. 양측은 정찰, 매복에 그치고 이따금씩 산발적인 총격전만 있을 때였다. 어떤 때는 중대 규모의 야간전투가 있기도 했다.

1952년 6월 2일 중부전선 미주리선을 점령하라는 명령을 강뉴부대가 받았을 때의 전선 상황이 그러했다. 다음날 강뉴부대 전사들은 4킬로미터의 전선을 형성하고 우선 수색대를 적진에 침투시켰다.

6월 6일 강뉴부대는 드디어 작전을 개시했다. 의도를 알 수 없는 적들이 근처에 집결했다는 첩보를 접수했다. 아스파으 중령은 1중대로 하여금 수색대를 즉각 파견해 적과 조우하면 사살하라고 명령했다.

게타훈(Asefa Getahun) 소위와 14명으로 구성된 수색대는 자정 무렵에 출발해 강뉴부대 저지선을 떠나 적들의 감시망을 뚫기 위하여 필요한 조치를 하며 조심스럽게 적진으로 침투했다. 그러나 1개 소대의 적이 이들의 동태를 파악하고 있었고 그들이 사정거리에 들어오자 자동소총으로 맹렬히 공격해왔다. 게타훈 소위는 놀라지 않고 침착하게 대원을 통솔하며 적 위치를 정확히 파악, 접근하여 수류탄을 명중시켰다. 드디어 수적으로 우세한 중공군과 치열한 백병전이 벌어졌다. 그러나 총검술에 능한 에티오피아 전사들은 30분 동안의 접전 끝에 중공군 7명을 사살시키고 적들을 패퇴시켰다.

희생자 없이 임무를 완수하고 강뉴부대 수색대는 본진으로 돌아왔다. 이것이 강뉴부대 2진이 적과 교전한 첫 번째 전투였으며 그것은 완벽한 승리였다. 이로써 강뉴부대 2진도 한국전쟁에서 영광스러운 승리의 역사를 쓰기 시작했다.

다음날 6월 7일 오전 강뉴부대 박격포 중대의 척후병이 참호를 파고 있는 인원 미상의 중공군을 발견해 본부에 보고했다. 강뉴부대의 81밀리 포로는 사정거리에 못 미친다고 판단한 강뉴부대 작전참모는 이웃 미군 포병부대에 즉각 지원사격을 요청했다. 미군 포병이 즉각 포탄을 퍼부어 중공군 8명을 전사시키자 적들은 진지를 버리고 도주했다.

적군은 이 전투로 상대가 막강한 에티오피아의 강뉴부대라는 것을 알게 되었다. 중공군은 먼저 공세를 취해 강뉴부대로 하여금 수세로 몰리게끔 대규모 공세를 펼치려 했다. 6월 7일 자정 중공군은 강뉴부대 1중대의 전선을 공격해왔다. 미군 포병이 박격포와 중거리 자주포로 정확히 포격하고 에티오피아 전사들은 자동소총과 기관단총으로 적을 격퇴했다. 교전은 불과 15분 만에 끝나고 적들은 무수한 전사자를 남기고 패퇴했다. 이로써 강뉴부대 전선을 와해시키려는 공산군의 의도를 강뉴부대는 여지없이 짓밟았다.

6월 9일 야간에 에티오피아군과 미군의 긴밀한 합동작전을 잘 나타내는 사건이 일어났다. 진상은 다음과 같다.

미군 32연대 2대대 병사들이 강뉴부대의 주저지선 옆에 있는 별산에 매복조를 설치했다. 항상 그렇듯이 미군은 에티오피아군에게 오해로 양군 사이에 불상사가 일어나지 않도록 매복조의 위치를 통보했다. 아스파으 중령은 이를 통보받고 강뉴부대 박격포 중대에 오해로 공격하지 말 것을 지시하는 한편 유사시 미군 매복조를 지원하도록 경계를 철저히 하라고 지시했다. 그리고 실제로 그러한 상황이 발생했다.

그날 밤 자정 무렵 많은 적군이 미군 매복조 지점으로 접근해왔다. 그들이 미군 32연대를 공격할 목적이었는지는 불분명했으나 미군 매복조는 적군의 후미를 강습해 여러 명을 죽이고 적을 혼란에 빠뜨렸다. 그러나 적군은 강했다. 초반 기습에 놀랐으나 전열을 가다듬은 다음 많은 수를 이용하여 반격을 해왔다. 미군 매복조가 중과부적으로 전멸의 위기에 처하게 되었을 때, 강뉴부대의 박격포 중대가 이들을 구했다. 강뉴부대의 정확한 타격으로 중공군 사망자가 속출하자 힘을 얻은 미군 매복조는 맹공을 퍼부어 중공군 1명을 생포하고 적을 패퇴시켰다. 이 사건은 한국 전쟁에서 여러 나라로 구성된 유엔군 사이의 협조를 잘 나타내고 있을 뿐만 아니라 에티오피아 장교들의 기민성과 전투에 대한 통찰력을 잘 보여준다.

다음날은 조용히 지나갔다. 강뉴부대의 전투력에 다시 한번 놀란 중공군은 강뉴부대의 공격에 대비하여 주저지선에 참호를 깊이 파는 등 방어를 강화하였다. 그러나 강뉴부대 척후병들은 적들의 동태를 주의 깊게 살폈다. 조금이라도 적의 동태가 파악되면 박격포와 자주포로 포격했다. 그 결과 6월 11일 오전에 참호를 구축하고 있던 중공군 2명을 81밀리 박격포로 전사케 하고 4개의 참호를 박살냈다.

6월 12일 강뉴부대 척후병이 적군이 아군 진지를 공격해온다고 알렸다. 즉각 81밀리 박격포가 정확히 불을 뿜자 적은 5구의 시체를 남기고 퇴각했다.

이 시기에 81밀리 박격포 대원의 활약은 밤낮을 가리지 않고 연일 대단했다. 6월 14일 이날은 온 전선이 아주 평온했다. 적도 강뉴부대도 아무런 움직임이 없었다. 양측 모두 휴식이 필요했다. 아니면 다른 대규모 작전을 준비 중이었는지도 모른다. 아무튼 이날만큼은 조용하게 지나갈 것 같았으나 갑자기 박격포 포성이 정적을 깨고 적의 기관총 기지를 포격했다.

강뉴부대 주저지선과 선발부대 사이에 전화선을 깔고 있던 에티오피아 병사들에게 중공군 기관총 병사가 공격하자 이를 포착한 아군 박격포

대원이 이들을 구한 것이다. 이 박격포 포성이 6월 14일에 울린 유일한 접전이었다. 이것은 다른 병사들이 때로 휴식하고 있을 때도 박격포 대원은 하루 24시간 내내 경계태세를 유지하고 있음을 보여준다.

강뉴부대 장병들이 모두 사기충천할 수 있었던 것은 바로 부대원의 결속력과 서로에 대한 신의였다. 수색대로 나가거나 전투중이거나 아니면 장비 점검 등 일상적인 일을 하거나 강뉴부대 장병들의 협동정신은 매우 투철했다. 강도 높은 훈련, 강인한 체력, 뛰어난 협동정신이 어우러져 한국전쟁에서 그들은 위대한 역사를 만들었다.

제 12 장

포위된 정찰대

1952년 6월 18일 밤 베라츄(Y. Belachew) 소위는 벨레테(Bellette Haile) 대위로부터 적진을 정찰해 중공군의 위치와 전력을 탐지하고 가능하면 적을 생포하라는 명령을 받았다. 베라츄 소위는 부대의 주저지선으로부터 3200미터 떨어진 적진을 향해 즉각 출동했다. 2시간 여 만에 적진에 진입한 정찰대는 수류탄과 소총으로 중공군을 공격했다. 1개 소대의 중공군은 전열을 정비하고 즉각 반격을 가했다. 치열한 백병전이 벌어졌고 총검술에 탁월한 에티오피아 전사들은 유감없이 실력을 발휘해 적을 제압하자 적들은 많은 사상자를 남긴 채 도주했다.

초반 전투의 승리로 고무된 벨라츄 소위는 도주하는 적을 전멸시키고자 추격했다. 어둠이 짙어 추격이 용이하지 않았다. 할 수 없이 에티오피아 정찰대원들은 주변 일대를 수색해 숨은 적을 찾아내려 했다. 다른 적 부대가 수색하고 있는 에티오피아 대원들을 공격해왔다. 에티오피아 용사들은 이들과 용감히 맞섰으나 또 다른 적군이 밀려와 이들을 완전히 포위하고 공격해왔다.

14명의 에티오피아 전사들은 침착하고 단호하게 포위망을 뚫으려고 했지만 적들은 수가 많고 강하여 돌파구를 찾기가 불가능했다. 베라츄 소위는 무전기로 강뉴부대 본진에 연락했고, 벨레테 대위는 즉각 미군 포병에 지원 포격을 요청했다. 미군 포병은 즉각 적진을 향해 정확히 포격하여 적진에 반원의 포연이 일어났다. 에티오피아 정찰대원들은 이틀을 타 포위망을 벗어나 본진에 도착했을 때는 자정이 넘었다. 이 접전으로 중공군 10명이 전사하고 25명이 부상을 당했지만 강뉴부대 정찰대원의 피해는 없었다.

강뉴부대장 아스파으 중령은 정찰대원들에게 그 접전 장소로 다시 가서 중공군 전사자를 확인하고 적의 전력을 파악해 오라고 명령했다. 정찰대원들이 다시 탄약을 지급받고 즉시 그 장소로 갔으나 적들이 이미 시신들을 다 치워서 찾을 수 없었고 중공군 헬멧만 7개 찾았다. 이를 아스파으 중령에게 보고하고 수색을 계속하겠다고 보고했지만 아스파으 중령은 수색을 중지하고 곧바로 복귀하라고 지시했다. 이들은 새벽 4시에 본진에 돌아왔다.

6월 21일 강뉴부대에 에티오피아 전사들의 인간애와 희생정신 그리고 결속력을 보여주는 특기할 만한 사건이 발생했다. 다음이 그 사건 내용이다.

6월 21일 오전 강뉴부대에 배속된 한국인 노무자들이 1중대 앞에 방어용 철조망을 설치하고 있을 때 이를 포착한 적이 박격포로 공격했다. 미처 피하지 못한 한국인 노무자 2명이 파편에 치명상을 입었다. 이를 본 1중대 소속 메레세(Melese Berhanu) 일병이 벙커를 박차고 나아가 신음하고 있는 노무자 1명에게 다가갔다. 노무자는 한국말로 계속 뭐라 말했고 메레세 일병은 이를 귀가 아닌 마음으로 알아들었다. 주위에 포탄이 떨어졌지만 메레세 일병은 한국인 노무자를 구해 안고 나왔다. 몇 발자국 움직였을 때 옆에 떨어진 포탄 파편으로 두 명 모두 현장에서 사망했다.

메레세 일병과 한국인 노무자는 서로 껴안고 죽었다. 그렇게 죽은 채로 발견되었다. 부산 유엔군 묘지에 그들은 한 무덤에 그렇게 같이 묻혔다. 자유를 지키겠다는 공동의 목표를 위해 함께 싸운 상징으로, 그리고 함께 희생한 상징으로.

6월 25일 강뉴부대는 32연대의 후방 부대로 이동했다. 후방에 머무르는 이 기간에도 강뉴부대는 강도 높은 훈련을 소화하며 가끔 수색에 나가기도 했다. 베니암(Beniyam Bulbula) 소위가 이끄는 정찰대도 그러한 수색 임무를 띠고 출동했다. 7월 3일 아군 주저지선으로부터 2800미터 떨어진 곳에 위치한 적의 358 고지를 정찰하는 임무였다. 14명의 정찰대는 밤 10시 30분에 진지를 출발해 자정 직전에 358 고지에 다다랐다. 베니암 소위 정찰대가 소리 없이 접근했지만 고지 동쪽의 적이 이들의 동태를 파악하고 소대 병력으로 공격해왔다. 베니암 소위와 14명의 정찰대가 과감히 이들과 싸워 예의 뛰어난 총검술로 45분 동안 적을 밀어 붙여 20명을 사살하자 적은 도주했다. 도주하는 적을 강뉴부대 박격포와 미군 포병들이 합세해 더 많은 사상자를 적에게 입혔다.

사실 이 전투가 벌어지고 있을 때 바로 그 근처에 적의 1개 소대가 더 있었고 그들은 정찰대원의 수가 적다는 것도 알고 있었지만 전투에 투입하지 않았다는 것은 짚어둘 만하다. 공산군들은 전투에 있어서 중요한 것은 사기이지 병사 수가 아니라는 것을 알고 있었다. 에티오피아 정찰대가 사기충천해 있다는 것을 잘 알고 있는 공산군들은 이 전투에서 이길 수 없다는 것을 알고 있었다.

베니암 정찰대가 적을 추격해 적의 주저지선에 다다르자 본진으로 귀

대하라고 지시를 내렸다. 베니암 정찰대장이 적의 기관포 위치를 정확히 탐지해 미군 포병대에 통보하는 등 정찰대의 임무를 완벽히 수행했다. 베니암 정찰대는 새벽 4시에 의기양양하게 복귀했다. 정찰대의 피해는 최후의 순간까지 영웅적으로 싸웠던 병사 가운데 2명이 부상당한 것이 전부였다.

베니암 정찰대가 대적하고 있을 때 강뉴부대 3중대는 만일의 사태를 대비해 출동할 만반의 준비를 마치고 대기하고 있었다는 것도 눈여겨봐야 한다. 3중대장은 베니암 소위와 증원군을 보낼 거냐고 물으며 계속 교신하고 있었다. 베니암 정찰대장은 소수정예의 자기 부하들을 믿는다며 지원군을 거부했다. 그의 부하의 수는 적었지만 무서운 투혼과 뛰어난 총검술로 이날 밤 전투를 승리로 이끌었다.

그뒤 며칠 동안 강뉴부대는 전투에 나가지 않았으나 훈련은 계속했다. 이때 32연대는 척후병으로부터 중공군이 32연대 2대대를 대대적으로 공격할 것이라는 첩보를 받았다. 이에 즉각 적의 공격을 효과적으로 제압할 조처를 마련하고 적의 공격을 기다렸다. 강뉴부대도 이 작전에 32연대 지원부대로 동원되어 경계태세를 갖추고 있었다. 그러나 적들은 공격해 오지 않았고 이들이 왜 최후의 순간에 공격을 포기했는지는 파악되지 않았다.

적은 공격 준비를 마쳤음에도 불구하고 분명히 공격할 의도가 전혀 없었다. 그것이 공산군의 일관된 전략이다. 그렇게 함으로써 그들은 다음 3가지를 노린다. 첫째, 유엔군의 힘을 뺀다. 공격을 예상한 적은 밤새 공격에 대비한 경계로 피로해진다. 둘째, 사기를 저하시킨다. 셋째, 또 혼란에 빠뜨려 정확한 공격의 때를 모르게 한다. 이와 같이하여 공산군들은 때로 기습에 성공을 거두기도 했다.

7월에 강뉴부대는 예비부대였으나 정찰 등을 여러 차례 수행했다. 7월 8일 밤에는 강뉴부대는 정찰대를 4개조나 적진에 침투시켰다. 1조는 베케레(Bekele Gebrekidane) 소위가 조장으로 주저지선으로부터 2200미터 침투하는 것이고, 2조는 제라노(Abate Gelano) 중위가 조장으로 적의 472 고지로, 3조는 메타페라(Metafera Ayelle) 중위가 적의 낙타 고지로, 4조는 메레세(Mellese Tessema) 소위가 적의 358 고지로 침투하는 것으로 이들은 각기 밤 9시에 주저지선을 출발해 두 시간 후인 11시 무렵에 목적지에 다다랐다.

강뉴부대장 아스파으 중령의 계획에 따라 적의 358, 472 및 낙타 고지에 각각 6명씩 매복시키고 비슷한 수의 나머지 대원은 매복조 사이에 증원부대로 배치됐다. 메타페라 중위와 아바테 중위는 적을 공격하기 쉬운 358 고지 부근에 몸을 숨겼다. 전체적인 작전은 훌륭했고 성공은 서로서로를 지원하는 매복조의 활약에 달려 있었다.

자정이 넘어 중대 규모의 적 병력이 나타났다. 그들은 472 고지에서 제라노 중위가 이끄는 매복조를 박격포로 공격한 다음 보병부대가 공격해왔다. 이에 베케레 소위가 이끄는 매복조가 협공을 가했다. 그러자 또 다른 적군이 나타나 그들을 포위했다. 베케레 소위는 결사적으로 싸우다 수류탄 파편에 부상을 입었다. 아스파으 중령의 당초 작전에 따라 매복된 4개조가 동시에 적군과 맞섰다. 백병전은 치열했다. 적의 수가 압도적이었지만 에티오피아 전사들의 결사적인 총검술에 적군은 많은 사상자를 남기고 도주했다. 전투가 처음 시작되었을 때 강뉴부대 3중대장은 소수의 병력으로 분전하고 있는 4개조 매복병을 지원하기 위해 병력을 보냈지만 그들이 당도하기 전에 중공군은 혼비백산 도주했다.

이 전투 결과 중공군은 전사자 90명, 부상자 230명의 인명 피해를 남기고 뿔뿔이 흩어져 도주했다. 강뉴부대는 전사 11명과 부상자 2명에 그쳤다. 이 4개조 정찰대가 중공군 1개 중대를 격파한 전투는 한국전에서 명승부의 하나로 꼽힌다. 강뉴부대에 의하여 증명되었듯이 잘 훈련되고 사기가 높은 소수 정예병은 수가 훨씬 많은 적도 물리칠 수 있고 두려워할 필요가 없다.

제 13 장
정찰대의 활약

1952년 7~9월 사이 강뉴부대는 정찰 활동을 강화하고 기습공격에 주력했다. 그중 7월 24일 밤 티라이예(Tilaye Wondimagegnehu) 중위가 인솔한 수색중대의 활약이 돋보인다. 타라이예 중위는 철통 요새로 알려진 적의 358 고지를 공격해 점령하라는 명령을 받았다. 그러나 이 수색중대는 이 전투에서 중대장을 잃고 지휘자 없는 절체절명의 위험한 순간을 맞았다. 그러나 영웅적인 에티오피아 전사들은 뛰어난 총검술로 각개전투를 벌여 적을 물리치고 전사자와 부상자를 데리고 귀대하려 했으나 또 다시 밀려오는 적의 포탄 때문에 불가능해졌다. 이에 강뉴부대는 더욱 강력한 작전을 펼쳤다.

　7월 24일 오후 일찍 강뉴부대장 아스파으 중령은 티라이예 중위를 불러 적 진지인 358 고지를 공격하라는 명령받자 티라이예 중위는 부대장에게 기필코 그 고지를 점령하겠다고 다짐했다.

　부대에서 가장 용기 있고 낙천적인 것으로 알려진 티라이예 중위는 오늘 더욱 그랬다. 그는 자신의 중대에서 가장 우수한 자를 골라 작전 지시를 내렸다. 그들은 저녁 10시 반 부대를 출발해 적진으로 향했다. 358 고지에 소리 없이 오르자 인접한 적의 472 고지에서 이들을 발견하자 포탄을 퍼부었다. 그러나 티라이예 중위와 대원들은 거침없이 진격하여 적과 치열한 접전을 벌였다. 시간이 지날수록 적들을 밀어 붙이던 티라이예 중위가 마지막 돌격 명령을 내리는 순간 적의 기관총에 티라이예 중위와 선임하사가 동시에 쓰러졌다. 졸지에 에티오피아 전사들은 지휘자를 모두 잃고 위험한 순간에 빠졌다.

. 지휘자를 잃은 타격이 컸지만 에티오피아 전사들은 베르하누(Berhanu Degagga) 상병의 지휘 아래 침착히 흩어져 명성 그대로의 총검술로 각개 전투를 벌였다. 전사들은 무서운 투혼으로 밤새 싸워 적들에게 막대한 타격을 입힌 후 사망한 전우의 시체를 수습하고 부상자를 부축해 베르하누의 지시로 적의 박격포 공격을 피하려 인근 은신처로 이동했다. 그들은 계속된 적의 박격포와 자주포의 포탄을 뚫고 천신만고 끝에 본진에 귀환했다.

티라이예 수색중대가 중대장을 잃고 대원들이 분전하고 있을 때, 티라이예 중위의 전사 소식이 강뉴부대 본진에 알려졌다. 이 소식을 접한 아스파으 중령은 작전참모 와르크네(Workneh Gebeyiou) 대위에게 즉시 2중대를 출동시켜 1중대를 구하라고 지시했다. 와르크네 대위는 이 명령을 즉시 2중대장 메라쿠(Melaku Bakele) 대위에게 하달했다. 두 대위는 작전을 협의한 후 2중대가 1중대를 구하러 출동했다. 이때 아스파으 중령은 2중대장에게 1개 분대는 아군 전사자와 부상자를 구출해 데려오고 나머지 병력은 1중대를 구원하라는 작전 지시를 따로 내렸다.

2중대는 작전 계획에 따라 새벽 2시에 출동했다. 일마(Yilma Woldemariam) 소위와 데베데(Debede Woldemariam) 소위가 이끄는 지원 병력이 1중대의 전투 장소에 다다랐을 때 1중대원들이 흩어져 눈부시게 적들과 싸우는 것을 목격했다. 그들은 또 치명상을 입고 움직이지도 못하는 6명의 부상자도 보았다. 2중대가 도착한 것을 포착한 적군은 박격포와 대포를 퍼부었다. 2중대는 적과 90미터 거리에서 대치했다. 전사자의 시신을 수습하기 위하여 더 이상 나아가는 것은 무모했다.

이 상황이 본진의 아스파으 중령에게 보고되었다. 아스파으 중령은 평소 아군 전사자를 적에게 남겨두는 것은 불명예스러운 것이라 생각하고 있었다. 그래서 어떻게 해서라도 아군의 시신을 수습해 합당한 장례를 치루고 싶었다. 전쟁에서 전사한 영웅들은 마땅히 그런 예우를 받을 자격이 있었다. 기독교 정신과 에티오피아군의 명예스러운 전통을 중히 여기는 아스파으 중령은 전사자 시신을 적에게 남겨두는 것은 도저히 용납할 수 없었다. 전 부대원이 출동해 쓰러진 영웅들의 시신을 구해오자고 아스파으 중령은 순간 생각했다. 그러나 그것은 죽은 전우만을 염두에 두고 성급하게 생각한 것이었기에, 그는 다시 한번 냉철히 생각했다. 그리고 전사자 시신을 구하기 위한 보병과 탱크부대의 합동작전을 구상했다.

아스파으 중령은 즉각 32연대장에게 이 작전을 보고하고 승인을 받았다. 새벽녘에 4개의 미군 탱크와 각 탱크에 16명의 에티오피아 병사 그리고 9명의 지뢰 탐지병이 두페라(Duffera Obssa) 소령의 지휘로 전사자 시신을 구출하기 위해 출동했다. 미군 탱크의 포격으로 앞길을 열자 에티오피아 보병들이 아군 전사자 시신들이 있는 지점에 다다랐다. 조심조심 그들은 시신을 수습해 적의 포탄 속을 뚫고 부대 주저지선 안으로 진입했다.

작전 내내 아스파으 중령은 전초대에 머물며 상황을 파악하며 작전을 지휘했다. 오전 9시에야 작전이 성공적으로 종료되어 탱크와 보병들이 본진에 귀대했다. 12시간에 걸친 전투 결과 아군 4명 사망, 6명 부상에 중공군 25명 사망에 40명 부상이었다.

9월 25일 강뉴부대 4중대 멜라세(Mellesse Tessema) 소위가 이끄는 수색대가 적과 수류탄 투척 공방을 벌였다. 이 결과 중공군 10명이 사망하고 25명이 부상당했다. 그러나 중공군의 수는 훨씬 더 많았다. 멜라세 소위는 미군 포병에 요청해 도주하는 중공군을 포격토록 했다. 이 포격으로 사망하거나 부상당한 중공군은 25명 사망에 50명 부상으로 추산되며, 아군은 2명 부상에 그쳤다.

10월 14일 아드마수(Admasu Augnetew) 중위가 이끈 30명의 2중대 정예 용사들이 250 고지를 공격했다. 이 고지는 미군 포병의 포격에 쉽게 노출되기 때문에 낮에는 소수의 적이 지키다가 밤에는 중대 이상의 적이 지키고 있었다. 에티오피아 전사들의 공격은 밤 9시에 시작되었다. 적들은 처음 기습 공격에 당황했으나 이내 전열을 다듬고 격렬하게 저항했다. 그러나 에티오피아 정예 용사들의 공격을 견디지 못하고 250 고지를 버리고 자기네 주저지선으로 도주했다. 다른 적들이 고지 아래에서 대포로 포격했으나 에티오피아 용사들은 고지를 완전히 점령했다. 이 전투로 적군은 5명 전사, 14명 부상했으나 아군은 피해가 없었다.

포로 구하기

이 시기에 강뉴부대 용사들의 끈끈한 전우애와 협동심을 잘 보여주는 사건이 일어났다. 10월 20일 강뉴부대의 영웅적인 한 병사가 중공군에게

1951년 9월 삼현리 전투에서 큰 공을 세운 강뉴부대에 미국 대통령기를 달아주는 8군 사령관 반 프리트(James A. Van Fleet) 장군

미군 탱크를 엄호하고 진격하는 에티오피아 전사들

금화에서 75밀리 무반동포로 포격을 준비하는 케베데 상사, 워크네 대위와 병사들

부산 유엔군 묘소에서 전사자 안장식을 마치고 경례하는 용사들

경기도 치포리에서 사열대 앞을 행진하는 강뉴부대 용사들

생포 위기에 처한 동료를 구해낸 것이다.

강뉴부대 1중대 소속의 페켄사(Fekensa Gellata) 상병이 정찰대 일원으로 노만리 지역으로 작전 나갔다가 적을 발견하고 그들을 공격했다. 한참 전투 중에 페켄사 상병은 구원을 요청하는 다급한 소리를 들었다. 에티오피아 병사가 중공군에게 붙잡혀 전화선으로 결박당하여 끌려가고 있는 것이 보였다.

상대적으로 안전한 지점을 확보하여 사격하고 있던 페켄사 상병은 반사적으로 박차고 일어나 달려가며 끌고가던 중공군을 사격해 쓰러뜨리고 동료를 구했다. 그 둘은 다시 다른 동료들과 합세해 적을 공격했다. 적을 완전히 패퇴시킨 후 에티오피아 전사들은 두 가지 성취감을 얻고 본진에 귀대했다. 적을 무찔렀을 뿐만 아니라 포로가 될 뻔한 동료를 구한 것이다.

제 14 장

철의 삼각지에서의 세계적인 백병전

한국전쟁에서 강뉴부대 1진의 뛰어난 업적을 잘 알고 있는 강뉴부대 2진 용사들은 1진의 빛나는 전통에 누가 되지 않고 나아가 이를 더 발전시키 겠다는 굳은 의지와 투혼으로 불타 있었다. 이러한 정신은 1진에 이어 2 진으로 선발되어 에티오피아에서 훈련받을 때부터 다진 각오였다.

제2진 강뉴부대장 아스파으 중령의 각오는 그 중에서도 유별났다. 에 티오피아 전체 군인 중에서도 훌륭한 장교인 아스파으 중령은 그의 참모 들을 독려하며 강뉴부대에 대한 그의 야심을 숨기지 않았다. 그의 각오 는 테미스토클레스(Themistocles, 기원전 528? ~ 462?)와 같았다. 그리스군과 페르시아군이 마라톤의 밀티아데스에서 맞선 전쟁(기원전 490년)에서 승 리하고 난 후 테미스토클레스는 다음과 같이 말했다. "밀티아데스에서 의 승리만으로 나는 만족하지 못한다." 고대 그리스의 명장 테미스토클 레스는 살라미스해전(기원전 478년)에서 페르시아에게 대승을 거둘 때까 지 쉬지 않고 훈련하며 대비했다.

원대한 희망을 가진 자는 항상 그러하다. 좋은 뜻에서 남보다 더 큰 업적을 이루고자 하는 소망은 사람이 가질 수 있는 숭고한 야심이다. 그러한 야심을 탓할 수 없다. 아스파으 안다르게 중령이 강뉴부대 2진을 가장 강한 부대로 만들겠다는 그의 포부를 누가 탓하겠는가?

그러나 위대한 업적이 성취되기 위해서는 때가 맞아야 한다. 강뉴부대 2진에게도 그러한 기회가 왔다. 1952년 10월 둘째 주에 전략적으로 가장 중요한 금화지구 '철의 삼각지(Iron Triangle)'를 사수하라는 명령이 강뉴부대에 떨어졌다.

미 7사단 본부로부터 명령을 받은 강뉴부대는 방어선을 구축했다. '598 고지'라고도 알려진 '철의 삼각지'는 중부전선의 가장 중요한 요충지로 계곡을 따라 올라가면 고지에 다다랐다. 그 고지를 점령한 유엔군은 그 고지 사수가 무엇보다도 중요하다고 생각했다. 7사단의 방어선 중 취약한 부분이 강뉴부대의 주저지선에 있는 계곡에서 철의 삼각지에 이르는 전선이었다.

강뉴부대장 아스파으 중령은 벨레테 대위가 이끄는 4중대를 그곳에 배치하며 어떠한 경우에도 사수할 것을 명령했다. 벨레테 중대장은 구리라트(Gulilat Aberat) 소위와 2개 소대를 배치했다.

10월 23일 중공군 진영으로부터 박격포 공격이 있은 지 20분 만에 개미떼처럼 중공군이 강뉴부대를 공격해왔다. 중공군의 1차 목표는 구리라트 소위가 맡고 있는 계곡이었다. 에티오피아 전사들은 적군이 130미터 전방에 올 때까지 침착하게 기다린 다음 자동소총으로 적을 공격했다. 동시에 강뉴부대의 박격포와 미군 포병의 대포가 뒤에서 지원사격을 했다. 강뉴부대와 미군 포병의 정밀한 타격으로 중공군은 막대한 사상자를 냈다. 그러나 중공군은 인해전술로 시체를 넘고 넘어 밀려 왔다. 마침내 영웅적으로 방어하고 있는 강뉴부대 턱 밑까지 왔다.

중공군의 인해전술로 강뉴부대가 수세에 몰리자 아스파으 중령이 직접 4중대에 합류해 전투를 지휘하며 이 참호 저 참호로 몸을 날리며 물러서지 않도록 부하들을 독려했다. 계곡에 배치된 에티오피아 2개 소대원들도 밀물처럼 밀려오는 적에 맞서 무서운 투혼으로 싸우고 있었다. 지휘하던 구리라트 소위는 분전 중 치명적인 총상을 입었으나 포기하지 않고 자리를 지키며 끝까지 싸움을 독려했다. 그는 출혈 과다로 끝내 숨을 거두었다.

즉석에서 아스파으 중령은 선임하사 유티간(Yutigan)에게 2개 소대 지휘권을 주었다. 그는 신념과 용기 그리고 지략이 뛰어난 타고난 지휘자였다. 지휘권을 받자마자 그는 전선의 가장 취약한 지점으로 달려가서 직접 방어선을 구축한 다음 부하들에게 위치를 사수하라고 독려했다.

에티오피아 용사들의 영웅적 저항에 중공군은 무수한 희생자를 내면서도 계속 인해전술로 밀려왔다. 계곡을 점령하여 밀고 올라오면 598 고지를 점령할 수 있다는 것을 잘 알고 있었기에 중공군도 필사적이었다.

강뉴부대장 아스파으 중령은 그 상황을 예측하고 있었다. 전투가 시작되었을 때부터 그는 적의 의도를 알았다. 그래서 그는 계곡에 배치된 2개 소대를 염려하고 있었다. 염려한 대로 계곡에서 전투가 시작되었고 적의 인해전술로 상황이 어렵게 되었다. 일부 적군이 이미 계곡을 돌파하고 있었다. 포병부대를 지휘하고 있던 아스파으 중령은 계곡에서 싸우고 있는 에티오피아 전사의 25미터 전방까지 포탄을 퍼부으라고 지시했다. 그 명령에 미군 포병들이 놀랐다. 대포의 포격 지점은 아군에서 70미터의 거리를 유지해야 하기 때문이었다. 아스파으 중령의 불같은 지시로 미군 포병들은 에티오피아 소대의 25미터 앞까지 포격했으며 그로 인해 중공군이 에티오피아 소대에 더 이상 접근하지 못했다. 미군 포병의 정확한 포격으로 아군과 적군은 일정 간격을 유지했다.

이로 인해 계곡으로 침투하기 어렵게 된 적은 작전을 바꾸어 후미에서 박격포 공격을 맹렬히 퍼 부으며 강뉴부대에 대하여 최후의 돌격을 준비하고 있었다. 바로 그때 베케레 대위가 이끄는 강뉴부대 2중대가 중공군의 측면에서 공격해왔다. 곤경에 빠진 4중대를 구하려고 2중대가 구원부대로 투입되어 맹렬히 공격하자 중공군은 퇴각했다. 도주하는 중공군을 강뉴부대 박격포와 미군 포병 대포들이 사정없이 포를 퍼부었다. 중공군은 사상자를 수없이 남기고 패퇴했다.

그날 밤 강뉴부대는 아스파으 중령의 탁월한 지휘와 장병들의 무서운 투혼으로 중공군의 인해전술에 맞서 한국전쟁에서 길이 기억될 대승을 거두었다. 에티오피아 전사들은 '철의 삼각지'를 사수했을 뿐만 아니라 적을 패퇴시켰다.

제 15 장
항복은 없다

며칠 뒤인 10월 30일 강뉴부대의 전선을 돌파하기 위해 중공군이 대규모로 공격해왔다. 그날 밤 적은 2개 대대가 밀려왔다. 적은 강뉴부대 2중대와 4중대를 동시에 공격했다. 그들은 보병부대 공격에 앞서 1시간 동안 자주포로 맹렬히 포격해 에티오피아 벙커를 거의 초토화시켰고 이로 인해 3명의 사망자도 발생했다.

적은 강뉴부대 2중대를 집중 공략했다. 2중대가 맡고 있는 전선에서는 치열한 백병전이 벌어졌다. 예의 전설적인 에티오피아 전사들의 총검술이 또다시 기적을 만들었다. 4시간이나 계속된 백병전에서 수적으로 압도적인 중공군을 제압함으로써 백병전에서는 무적임을 증명했다. 적은 드디어 많은 사상자를 남기고 패퇴했다. 승리와 영광의 월계관이 에티오피아 전사에게 씌워졌다. 강뉴부대 2진 전사들은 다시 한번 믿을 수 없는 승리를 거두며 강뉴부대 1진의 자랑스러운 후배임을 과시했고 무적의 용사임을 입증했다.

미 7사단장 스미스 장군은 강뉴부대의 전투력을 치하하고 중부전선에 미치는 막강한 영향력에 감사하는 두 통의 감사서한을 강뉴부대장에게 보내왔다. 그중 첫 번째 서한 내용은 다음과 같다.

"4군단장께서 본인에게 귀 부대가 1952년 10월 23일 전략적 요충지 598 고지(철의 삼각지)를 탈환하려고 거듭된 적군의 총공세를 격퇴한 공로에 축하의 뜻을 전해달라고 하였습니다. 강뉴부대의 굳건한 자세는 4군단과 7사단의 자랑이며 이는 귀 부대의 뛰어난 전투력의 소산입니다."

두 번째 감서서한의 내용은 다음과 같다.

"1952년 10월 23일 에티오피아 하일레 셀라시에 황제의 강뉴부대가 '철의 삼각지'인 598 고지에서 중공군의 야만적 공격을 격퇴하여 7사단 전선을 굳건히 지킨 것에 대하여 축하와 감사의 마음을 전합니다. 그 전투에서 보여준 강뉴부대 장병의 용기, 의지와 탁월한 전투력은 에티오피아군의 오랜 전통을 이은 것이며 그러한 강뉴부대와 7사단이 함께한다는 것에 무한한 자부심을 갖습니다."

강뉴부대의 빛나는 전공 소식을 접한 황실근위대장 무루게타 불리 장군은 1952년 11월 5일 강뉴부대장 아스파으 중령에게 축하 전문을 보내왔다.

"1952년 10월 23일 강뉴부대 장병이 이룩한 전공에 대하여 축하해마지 않습니다. 세계 평화를 지키기 위한 그 전투에서 산화한 장병들을 조국은 영원히 기억할 것입니다. 전능하신 하나님께서 앞으로도 여러분의 무운을 지켜줄 것입니다."

11월 1일 중공군은 전열을 정비한 후 2개 대대 병력으로 다시 강뉴부대의 598 고지를 공격해왔다. 적의 주력 부대는 강뉴부대 2중대 쪽으로 공격했다. 적은 또한 2중대 규모로 강뉴부대 1중대를 공격하며 양동작전을 펼쳤다. 이 공격에 앞서 중공군 포병부대는 강뉴부대 주저지선을 오후 2시부터 밤 10시까지 맹폭했다. 그리고 한 시간 뒤인 11시부터 보병부대가 인해전술로 파상 공격해왔다. 2중대는 3번, 1중대는 2번 공격당했다. 그러나 강뉴부대는 효과적으로 방어하여 적은 별다른 성과를 거두지 못했다. 세 시간에 걸친 전투 결과, 강뉴부대는 4명 전사, 19명 부상인 반면에 적군은 100명이 교전 중 전사했으며 이 시신을 찾으려다 추가로 100명이 사망하였다.

다음 날인 11월 2일 강뉴부대 3중대에 적의 1개 중대가 지키고 있는 300 고지를 공격하라는 명령이 하달되었다. 3중대장 하일레(Haile Marian Lencho) 대위는 게타네(Getaneh Rebi) 중위에 게 1개 소대를 이끌고 즉각 공격하라고 명령했다. 그는 또한 페시마(Feshima Gebre) 소위에게 게타네 중위를 지원하라고 지시했다.

에티오피아 전사들은 밤 8시 주저지선을 출발해 9시에 목적지 130미터 지점에 당도했다. 게타네 중위는 9시에 공격을 개시했다. 명령과 동시에 전사들은 몸을 날려 적 참호 속으로 뛰어들어가 치열한 백병전을 벌였다. 접전 중 게타네 중위는 총상을 입었지만 포기치 않고 계속 전투를 지휘했다. 그는 "항복치 말고 계속 밀어부쳐라!"라고 계속 독려했다.

에티오피아 전사들의 총검술에 눌린 적은 10여 분 만에 400 고지를 버리고 자기네 주저지선 안으로 도주했다. 400 고지에서 임무 완수를 알리는 붉은 화염이 피어올랐다. 밤 11시에 400 고지를 초토화시킨 에티오피아 전사들이 우리네 주저지선으로 돌아왔다. 이날 밤 전투 결과 아군 전사자 1명, 부상자 3명에 적군은 전사자 45명, 부상자 75명이었다.

11월 9일 1중대와 4중대에서 선발된 30명으로 구성된 수색대에게 400 고지를 공격하라는 명령이 떨어졌다. 이 수색대가 진격하자 이번에는 적은 저항하지 않고 400 고지를 버리고 퇴각했다. 수색대 중 1중대에서 온 분대에게 고지 북쪽으로 돌아가 퇴각하는 중공군을 공격하라고 지시했다. 이 분대는 즉각 이동하여 적을 만나 백병전을 벌여 많은 사상자를 입혔다.

이 전투에서 분대장 게브레(Gebre Sadik) 중사의 활약이 대단했다. 그는 접전 중에 팔과 다리에 큰 부상을 입었지만 수류탄으로 중공군 5명을 죽였다. 부하들이 그를 주저지선으로 호송할 때 적들이 공격해왔다. 게브레 중사는 부하들에게 자기를 놔두고 싸우라고 명령한 후 수류탄으로 자기는 자폭했다. 이에 분격한 부하들은 필사적으로 적과 싸워 10명을 사살하고 25명에게 부상을 입혔다. 아군 피해는 4명 부상에 그쳤다. 수색대원들은 400 고지에 있는 8개의 진지를 모두 초토화시켰다.

1952년 한국 전선의 겨울은 혹독해 섭씨 영하 25도를 오르내렸다. 적과의 전투보다도 언 손발을 녹이는데 더욱 신경을 썼다. 그러다가도 날이 풀리면 양측은 정찰대를 서로 보냈다. 이 시기에 한국전쟁은 정찰대의 활동으로 특징지어 진다.

1952년 12월부터 1953년 2월까지 전방에 있는 강뉴부대에 정찰대를 날마다 보내 적을 생포하고 적의 진지를 파괴하라는 명령이 내려졌다. 이 정찰대의 작전으로 에티오피아 전사들의 명성은 더욱 드높아졌다. 32연대장 반 웨이(George L. Van Way) 대령은 강뉴부대장 아스파으 중령에게 다음과 같은 서한을 보내왔다.

"1953년 1월 11~12일 밤 180 고지에서 있던 전투에서 강뉴부대 장병이
보여준 값진 승리에 대해 치하의 말씀을 드립니다. 여러분은 에티오피아군
의 명성과 전통에 걸맞게 싸우시고 승리를 가져왔습니다. 이것은 강뉴부대
라는 강한 부대를 갖고 있는 32연대에게도 자랑입니다. 강뉴부대 장병 여러
분 정말 장한 일을 해냈습니다."

위 편지에서 반 웨이 대령이 언급한 승리는 피세마(Fissema G. Michael)
중위가 지휘했다. 이 정찰대가 적 진지를 파괴하고 많은 적을 사살하고 2
명의 중공군을 생포했다. 그러나 피세마 소위가 적의 180고지에서 싸우
는 그 시각에 또 다른 적은 강뉴부대 1중대를 공격했다. 1중대 용사들은
무서운 투혼으로 한 시간에 걸친 처절한 백병전을 펼친 끝에 적은 무수한
사상자를 남기고 패퇴했다.

곧바로 적이 강뉴부대를 또다시 공격해왔을 때 에티오피아 전사들의
투혼을 잘 나타내는 사건이 일어났다. 대규모의 적이 2중대의 전선을 돌
파하려고 진격해올 때 2중대의 제루(Jeru Yayi) 상병은 2중대 맨 앞쪽 참호
안에 있었다. 적을 보자 그는 반사적으로 참호 밖으로 뛰쳐 나와 칼빈 소
총으로 적을 공격했다. 적의 숫자가 너무 많아 칼빈 소총의 화력으로는
적을 감당하지 못할 것이라고 판단한 제루 상병은 옆에 있는 32연대의
탱크로 비호같이 달려가 30밀리 기관총으로 적을 향해 불을 뿜어댔다.

같은 시간에 기관총으로 무장한 일단의 적군이 옆 참호를 명중시켜
에티오피아 병사 2명이 중상을 입었다. 중공군들이 그 참호로 달려가 부
상자 2명을 끌어내려고 했다. 제루 상병은 이들이 다가오는 것을 침착히

보고 있다가 그들이 45미터 앞에 이르자 30밀리 자동기관총으로 공격하여 적병을 몰살시키고 부상당한 병사들을 안전한 곳으로 대피시켰다.

1953년 1월 강뉴부대는 적의 계속된 공격을 단호하게 모두 물리쳤다. 특히 1중대와 3중대 전선에서 치열한 접전이 많았지만 대규모의 적을 맞아 무서운 투혼과 단결로 이들을 모두 격퇴하여 단 한 치의 땅도 빼앗기지 않았다. 정찰대의 활약은 이 무렵에도 돋보였다. 이 시기에 피세마 중위, 두페라(Duffera Obbsa Siyum) 중위, 세무(Semu Tesfaneh Negusse) 중위와 테라훈(Telahun Eshete) 중사는 각각 정찰대를 이끌고 적에게 많은 사상자를 입히고 진지를 파괴하는 등 큰 공을 세웠다.

1953년 1월 말 강뉴부대는 32연대 2대대에게 전선을 인계하고 후방 예비부대로 물러나 장병들이 휴식을 취했다. 그러나 이 기간에도 그들은 훈련을 게을리 하지 않았다. 1953년 3월 한국 전선에서 강뉴부대 2진은 3진으로 교체되고 4월에 에티오피아 고국으로 귀환했다. 한국에서 수많은 전투의 승리를 쟁취하고 조국에 영광을 바치면서······.

강뉴부대 2진의 귀국에 즈음하여 7사단장 트루도(Arthur G. Trudeau) 장군은 강뉴부대장 아스파으 중령에게 다음과 같은 서한을 보냈다.

강뉴부대 2진의 귀국에 즈음하여 본인은 7사단 전 장병과 함께 귀 부대 장병이 보여준 뛰어난 전투력과 이룩한 전공에 감사드리며 찬사를 보냅니다.

지난 1년 동안 한국 전선에서 여러분과 7사단의 합동 근무는 유엔군의 조화와 협동의 모범을 보여주었습니다. 그리고 공산 침략군과 숱한 전투에서 모든 역경을 극복하고 귀 부대가 모두 승리로 이끈 것은 최고의 찬사를 받아 마땅합니다. 특히 지난해 10~11월의 전투에서 보여준 에티오피아 전사들의 무서운 투혼, 확고한 의지, 뛰어난 총검술과 탁월한 전투력은 군인이라면 본

받아야 할 것입니다. 여러분이 보여준 전투 기록은 유엔군 역사에 기록되어 영원히 빛날 것입니다. 우리 7사단 모든 장병은 여러분과 한국 전선에서 1년여 동안을 같이한 것을 자랑으로 생각합니다.

　임무를 완수하고 가족의 품으로 돌아가시는 아스파으 부대장과 강뉴부대 장병 여러분에게 신의 은총이 영원히 함께하길 바랍니다.

미국 육군 7사단장

소장 아더 트루도

강뉴부대 제3진

1953. 4. 5. - 1954. 7. 10

"······강뉴부대 3진이 이룩한 업적은 모든 이의 모범이며 '불가능은 없다, 어떠한 희생도 위대하다, 임무가 최우선이다'라는 부대 표어를 생활화한 산물입니다.······"

미국 육군 제7사단장
소장 아더 트루도

중령 월데 요하니스 쉬타(Wolde Yohannis Shitta)

평화로운 시기이든 전쟁이 터진 시기이든 군대의 가치는 그 부대장에 의하여 좌우된다. 부대장의 통솔력이 훌륭하다면 틀림없이 그 부대는 강군이 된다. 강뉴부대 3진이 에티오피아 황실근위대 중에서도 뛰어난 장교로 평가받는 월데 요하니스 쉬타 중령이 부대장으로 온 것은 큰 행운이었다.

월데 중령은 하일레 셀라시에 초등학교, 프랑스 연합 중등학교를 거쳐 아디스아바바 사관학교를 졸업했다. 1919년에 태어나 1937년에 군문에 발을 디뎠다. 그는 프랑스어와 영어에 능통했고 확고한 인생관을 가

151

졌다. 에티오피아 국내에서 여러 전공으로 그는 셀라시에 1세 황제 훈장과 메네리크 2세 황제 훈장을 받았다. 한국전쟁에서 유엔군의 일원으로 근무하면서 세운 여러 전공으로 그는 미국과 한국 정부로부터 여러 훈장을 받았다. 황실근위대장 무루게타 불리 장군이 월데 중령을 강뉴부대 3진 부대장으로 선임한 것은 무루게타 장군이 강뉴부대를 최고의 부대로 만들겠다는 그의 신념을 보여주는 대목이다.

월데 중령은 한국전에 유엔군의 일원으로 참전한 에티오피아군의 사명을 깊이 인식하고 막중한 책임감을 통감했다. 그는 밤잠을 자지 않고 깨어 있으면서 적의 포탄에 개의치 않고 맡고 있는 전선의 최전선을 오가며 부하들을 독려하고 그들과 고락을 같이했다. 그는 세계 평화를 지키는 데 있어 한국전쟁의 중요성을 인식하고 휘하 장병들에게 정의에 대한 신념과 승리를 쟁취하기 위한 투혼을 불어넣었다. 전술에 정통한 월데 중령은 전투의 긴박한 순간에도 이러한 군인정신에 충일케 했다. 자신의 안위에는 아랑곳하지 않고 부하들의 안전을 먼저 살피는 모범을 보여줬다. 월데 중령의 신념과 모범에 감명받은 강뉴부대 3진의 전사들은 하나같이 강한 신념과 사명감으로 한국 전선에 임해 한국에서 에티오피아 전사들의 영광스런 역사를 썼다.

월데 중령은 에티오피아군과 미국 등 유엔군과의 우호관계 증진에도 크게 기여했다. 미국인들은 기회가 있을 때마다 에티오피아 전사들의 용기와 전투력뿐만 아니라 그들이 한국전쟁에서 세계 평화를 위한 대의에 크게 공헌했다고 높이 평가하고 있다.

강뉴부대 3진 부대장 월데 중령은 에티오피아군의 명예를 크게 높인 인물이다. 강뉴부대 3진의 뛰어난 모든 업적은 지휘자로서의 타고난 자질과 부하들에게 영감을 준 그의 통솔력에 기인된 바가 컸다.

제 16 장
대의의 제단에

1952년 12월 초 강뉴부대 3진을 편성하라는 명령이 떨어졌다. 1, 2진과 마찬가지로 강뉴부대 3진도 황실근위대 장병 중에서 선발하도록 했다. 이에 관한 황제의 명은 모든 장병은 자원자 중에서 선발할 것도 명시되어 있었다. 황실근위대장 무루게타 부리 장군은 휘하 장병에게 한국으로 갈 새 강뉴부대에 누가 자원할 것인가를 물었다. 또 한 번의 놀라운 결과가 나왔다. 이번에도 황실근위대 전 장병이 한국에 가겠다고 자원한 것이다.

강뉴부대 편성 때마다 일어나는 이 현상은 아주 특별났다. 황실근위대의 충성과 세계 평화에 대한 신념은 그칠 줄 몰랐다. 모든 장병들이 조국과 세계 평화를 위하여 머나먼 곳에 있는 생소한 나라 한국 땅에서의 전쟁에 자원한 것이다. 그래서 무루게타 장군은 일어날지도 모를 불평과 잡음을 없애기 위해 이번에도 황실근위대 여러 부대에서 골고루 선발했다.

강뉴부대 3진의 장병 선발과 편성은 초유의 빠른 속도로 진행되었다.

부대장에는 월데 요하니스 중령, 보좌관에는 테크루(Teklu Haptemichael) 소령이 임명되었고 모든 장병의 선발 통지 24시간 안에 부대가 편성되었다. 1952년 12월 24일부터 유엔군의 일원으로 한국에 파병될 강뉴부대 3진의 강도 높은 훈련이 시작되었다.

여기에서 특기할 만한 것은 각국 병사가 자기 나라를 대표하고 있는 한국이라는 전쟁터에서 에티오피아를 대표할 강뉴부대를 어떻게 훈련시켜 최강군으로 만들 것인가를 고민하고 연구했다는 것이다.

무루게타 장군은 한국전쟁에 참전해 경험이 있는 강뉴부대 1진 장교들이 3진 교육을 맡도록 하였다. 이 조치는 주효했다. 한국에서 1년 동안 실전을 쌓은 1진 장교들은 출전을 앞둔 3진 용사들의 훌륭한 교사였다. 1진 장교들은 한국의 지형뿐만 아니라 적의 여러 전술까지도 능통했다. 이러한 실전 경험을 바탕으로 강도 높은 훈련을 한국 지형과 크게 다르지 않은 아디스아바바 근교 산악지대에서 실시했다. 그들은 특히 수색과 매복 훈련에 주력했다. 3개월 동안의 이러한 특수훈련으로 그들은 한국에 도착하기 전에 이미 한국 지형에 맞는 전술에 익숙해지게 되었다.

1953년 3월 말 이전에 특수훈련을 모두 마치고 강뉴부대 3진 장병들은 출정 명령을 기다렸다. 3월 24일 강뉴부대는 아디스아바바 황궁 앞에서 행진했다. 황실근위대 훈련부장 멩기스투(Mengistu Newey) 대령과 수행원의 호위를 받으며 하일레 셀라시에 황제는 강뉴부대 3진을 사열했다. 황제는 강뉴부대의 절도 있는 분열과 열병 그리고 높은 사기에 크게 만족했다. 황제는 출정하는 전사들에게 세계 평화와 세계사적 견지에서 한국전쟁의 중요성을 강조하고 강뉴부대 1, 2진의 전통을 이어받아 조국 에티오피아 국기를 만방에 드높이라고 촉구했다.

출정식에 이어 강뉴부대 새로운 용사들은 기차역까지 시가행진을 벌였다. 연도에는 수많은 시민들이 그들에게 무운을 빌며 한국에서 임무를 완수하고 돌아오라고 환호를 보냈다. 아디스아바바역에는 정부 고위관료, 각국 외교사절과 무관, 유엔 인사들이 그들의 장도를 축하했고 군악대의 국가 연주와 시민들의 박수 속에 강뉴부대 전사들은 한국행 수송선을 탈 지부티행 기차를 탔다. 24시간의 기차 여정 중 역이나 기차선로에서 수많은 시민들이 박수로 그들의 무운을 빌어주었다.

1953년 3월 26일 에티오피아 전사들은 미군 수송선 '브래취포드 장군호'에 몸을 싣고 한국으로 출발했다. 배가 닻을 올리고 지부티항의 잔잔한 바다를 가르며 천천히 움직이자 선상의 전사들은 아직도 부두에서 작별의 손을 높이 흔들고 있는 수천의 시민들을 여러 감정이 뒤섞인 채 쳐다봤다. 꽃 같은 에티오피아의 젊은이들이 고국산천을 등지고 지구 저편 머나먼 이역에서 싸우고 피를 흘리기 위해 떠나는 것이다. 그들은 세계 평화라는 인류 이상을 위해 기꺼이 자기 몸을 희생할 각오가 되어 있었다.

브래취포드 장군호는 서서히 지부티항을 빠져나와 홍해를 거쳐 자유가 침해받고 있는 최종 목적지 한국을 향해가고 있었다. 에티오피아 전사들은 배가 인도양으로 접어들 때부터 모든 상념을 뱃전에 부딪치는 파도에 내던지고 오직 한국에서의 할 일만 생각했다. 자신들이 임무 교대할 강뉴 2진의 전통을 이어 그들보다도 더 용감히 싸워 더 큰 전공을 이루리라고 부대장에서부터 이등병에 이르기까지 각오를 다지고 또 다졌다.

그러나 선상에서 여가 시간에는 그들의 타고난 끼를 그대로 나타내 흥에 흠뻑 젖었다. 미군 군함 승무원이나 같이 승선한 다른 나라 병사들도 에티오피아 전사들이 부르는 노래와 춤에 매료되었다. 그들은 오랜 항해 동안 한 덩어리가 되어 에티오피아의 티지타, 간제비, 암바셀, 안치리게, 아만바만 같은 민요에 맞추어 민속춤을 추었다. 항해가 끝날 무렵 함장이 에티오피아 장병들의 나무랄 데 없이 훌륭한 태도와 규율에 대해서 월데 중령에게 칭송했다.

21일 동안의 항해 끝에 1953년 4월 16일 브래취포드 장군호가 부산에 도착해 강뉴부대 장병들이 하선했다. 부두에는 유엔군과 한국군의 고위 장성들과 많은 한국 국민이 박수를 치며 에티오피아 전사들을 환영했다. 특히 한국 국방부 장관은 환영사를 통해 강뉴부대 3진의 한국 도착을 정중히 환영했다.

정오에 브래취포드 장군호를 하선한 강뉴부대 3진은 군용 버스에 나눠타고 부산 유엔군 캠프로 이동, 그곳에서 군복과 개인 군장을 지급받았다. 그들은 72시간 이내에 전선으로 향할 예정이었다.

에티오피아 전사들이 전선으로 가기 전에 자유의 적과 싸우다 산화한 강뉴부대 1, 2진 전사자들을 위해 부산에서 해야 할 일이 있었다. 그들은 부산 유엔군 묘지에 잠들어 있는 영령들에게 깊은 사명감을 느꼈다. 4월 17일 오전 3진 부대장 아스파으 중령과 장병 대표들은 유엔군 묘지를 찾아 엄숙한 마음으로 에티오피아에서 가져온 화환을 바쳐 세계 평화를 위한 제단에서 산화한 영웅적 용사들의 영혼을 달랬다.

다음날 강뉴부대 3진 용사들은 기차를 타고 북방 전선에서 기다리고 있는 2진 용사들과 임무교대를 위하여 철원으로 향했다. 미군 정보장교가 월데 중령에게 철도 이동 중에 공산 게릴라들의 폭파 위험이 있음을 통보해줬다. 이에 대비하여 에티오피아 전사들이 만반의 대비를 하여 기차는 24시간 만에 무사히 철원에 도착했다.

4월 20일 정오 철원역에 도착한 강뉴부대 3진은 미 7사단장 투르도

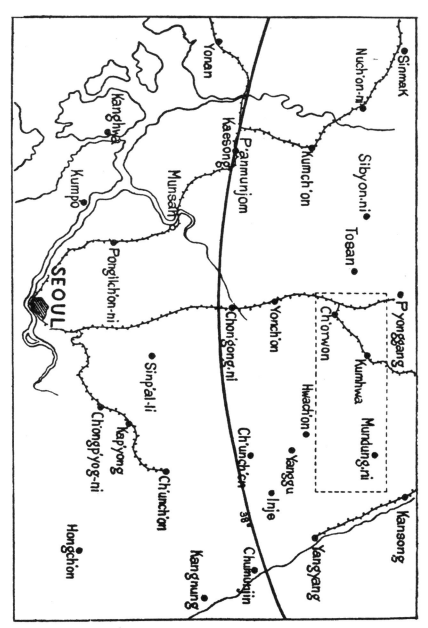

1953년 4월 한국 중부지방 전선 지도

장군, 32연대장 반 웨이 대령 등 에티오피아, 한국, 미국의 장교들로부터 환영을 받고 군용 버스에 나눠타고 7사단 주둔지로 이동한 다음 그곳에서 캠프를 차렸다.

강뉴부대 3진은 그곳에서 20일 동안 머물며 에티오피아에서 받은 훈련을 그대로 다시 훈련했다. 즉, 수색·매복·지뢰 설치·적 지뢰 제거·수류탄 투척·총검술·백병전 등 산악 지대에서의 공격과 방어 훈련을 반복했다. 그들에게 새로 지급된 익숙지 않은 미군 장비에 숙달되도록 반복 훈련을 받았다. 비록 에티오피아에서 모두 훈련받았지만 그 누구도 훈련을 게을리 하지 않았다. 훈련 때 쏟는 땀 한 방울이 실제 전투에서 피 한 동이를 구한다는 것을 그들은 잘 알고 있었기 때문이다. 훈련은 지난 1년 동안 이 장비를 경험한 강뉴부대 2진 장교들이 맡았다. 미군 장교들의 도움 없이 모든 것이 에티오피아 장병들 책임 아래 실시되었다.

에티오피아 전사들은 유무선 전화나 무전기를 포함한 전투 중 교신법 등 현대 전투방식에 대해서도 강도 높은 훈련을 받았다. 장교들은 독도법과 공중에서 적진을 관측하는 것도 훈련받았다. 그래서 강뉴부대 모든 장교들은 공중에서 적진을 관찰하기 위하여 미군 비행기를 타고 훈련받았다. 실제 전투 중에 조그마한 실수도 하지 않기 위해 미군과 에티오피아군은 완전한 협조 체제를 구축하여 모든 훈련에 임했다.

20일 동안의 훈련을 끝내고 강뉴부대 2진과 3진의 임무 교대가 이루어졌다. 1953년 4월 5일 황제가 하사한 자랑스러운 강뉴부대기가 2진 부대장 아스파으 중령으로부터 3진 부대장 월데 중령에게 엄숙하게 인계되었다. 강뉴부대 1, 2진 전사들이 그랬던 것처럼 그 깃발로 전선을 누비며 황제와 조국에 명예를 바치겠다는 각오로 인계식은 엄숙하고 장엄했다. 이 순간부터 강뉴부대 3진의 한국전쟁에서 세계 평화를 위한 그들의 임무가 시작되었다. 다시 한번 에티오피아 전사들은 황제와 조국의 뜻을 받들어 인류를 위한 성전에 한 목숨 바치겠다는 굳은 각오를 마음에 새겼다.

제 17 장

새로운 월계관을 위하여

1953년 5월 10일은 강뉴부대 3진에게는 한국 전사에서 오래 기억될 기념비적인 날이다. 이날 강뉴부대는 미 32연대 3대대를 대체해 '철의 삼각지' 인근의 금화지구 전선에 배치됐다. 그들이 한국전쟁에 파병된 임무를 수행할 기회를 드디어 맞이하자 새로운 전의에 그들은 긴장했다.

'최정예 부대 강뉴'의 전통을 이어 가겠다는 굳은 각오와 높은 사기로 선배들이 이룩한 영광스런 승리의 깃발을 들고 강뉴부대 3진 전사들은 드디어 한국전쟁 최전선에 당도했다. 그들은 어서 빨리 적과 맞닥뜨려 그들의 가치를 즉 선배들 못지않은 용기와 전투력을 갖고 있다는 것을 보여주고 싶었다. 에티오피아 용사들은 변함이 없었다. 그들은 어떻게 싸울지를 알고, 어떻게 영예스럽게 죽는지를 안다. 그리고 강뉴부대 3진에게 이러한 날이 임박하고 있었다.

한국전쟁 기간 내내 적군의 전술 중 하나는 유엔군이 전선에 배치된 첫날 기습공격하는 것이다. 정글의 맹수처럼 공산군은 유엔군의 동태를 살피다가 기습공격을 통해 승리를 얻으려 했다. 그들은 배치된 첫날은 지형에도 어둡고 아직 적응이 안 됐기 때문에 공격할 수 있는 절호의 기회라고 여겼다. 이 작전이 비록 성공한 예가 많지 않지만 중공군은 꼭 그렇게 기습공격을 감행하곤 했다.

강뉴부대 3진도 전선에 도착한 첫날 밤 그렇게 기습을 당했다. 공산군은 1개 중대 병력으로 공격해왔다. 그들은 첫날 밤 기습공격으로 에티오피아군에 최대한 인명 피해를 입혀 사기를 꺾을 작정이었다.

그러나 강뉴부대장 월데 중령은 이미 적의 이러한 작전을 예상하고 철저하게 대비했다. 그날 밤 어둠이 깔리자 그는 부대 저지선 바로 앞에 매복조를 배치했다. 침공한 적들은 예기치 않은 매복조의 총격에 놀라 사상자를 남기고 혼비백산 도주했다. 이렇게 강뉴부대에 타격을 주어 예기를 꺾겠다는 공산군의 작전은 박살나고 반대로 강뉴부대 전사들의 사기는 하늘을 찔렀다. 이 첫 전투로 강뉴부대의 명성은 더 높아졌다.

첫 전투의 패배로 공산군은 당분간 싸울 전의를 상실했다. 그러나 월데 중령은 강뉴부대와 적의 완충지인 노만리를 장악할 작전을 세웠다. 그는 노만리에서 적병이 출몰하지 못하도록 몇 개 조의 수색대를 출동시켰다.

첫 번째 수색대는 워노겔(Wonogelle Kosta) 소위가 인솔해 노만리 일정 지점까지 진입하여 적을 만나면 사살하라는 명령을 받고 5월 13일 밤 10시에 출동했다. 노만리에서 새벽 2시에 적 1개 소대 병력과 조우한 수색대는 치열한 백병전을 벌여 워노겔 소위를 위시한 대원들의 뛰어난 총검술로 숫자가 훨씬 많은 적을 제압했다. 중공군은 전사자 1명과 부상자 2명을 남기고 도주했다.

5월 14일 파시카(Fasika Hailemariam) 소위는 21명의 대원을 이끌고 노만리의 매복 장소로 출동했다. 그러나 진격 중 새벽 1시에 적 1개 소대로부터 기습공격을 받았다. 그러나 파시카 소위는 당황치 않고 소총과 수류탄으로 이들과 맞섰다. 파시카 소위와 대원들의 무서운 투혼과 탁월한 총검술에 적은 8명의 전사자를 남기고 도주했으며 수색대원은 부상 1명에 그쳤다.

에티오피아 수색대에 의해 몇 차례 패배를 맛본 적들은 더 큰 규모로 공격해왔다. 밤 10시 공산군 1개 중대가 강뉴부대 1중대로 공격해 왔다. 1중대가 맡고 있는 전선은 중부전선에서 전략적 요충지였다. 1중대장 타데세(Taddesse Sendeku) 대위는 마모 소위에게 18명의 대원으로 저지선 앞쪽에 매복해 있다가 적이 진입하거든 차단하라고 지시를 내린 터였다. 밤 11시에 마모 소위는 적이 진격해 오는 것을 탐지하고 침착히 다가오기를 기다렸다.

적들도 아군의 매복조를 알고 포위해 전멸시키려 했다. 그러나 대담한 마모 소위는 적들이 몇 미터 앞까지 올 때까지 침착히 기다린 다음 대원들과 일시에 수류탄을 투척했다. 치열한 공방전이 벌어졌고 매복조의 총구는 무섭게 불을 뿜었다. 동시에 마모 소위는 미군 포병에 지원 포격을 요청했고 미군은 지체 없이 포격을 시작했다. 미군의 포격과 에티오피아 매복조의 불 뿜는 총격을 견디지 못하고 중공군은 1개 중대는 전사자 25명, 부상자 40명을 남기고 도주했다. 에티오피아는 3명 부상에 그쳤다.

공산군은 연이은 패배를 만회하기 위해 5월 18일 밤 1개 대대 병력으로 공격해왔다. 제네베(Zenebe Asfaw) 소위가 이끄는 전진 매복조가 강뉴부대로 진격해 오는 적군을 발견하고 즉시 무전기로 강뉴부대 요케 진지에 있는 베자비(Bezabih Ayele) 소위에게 연락했다. 보고를 받은 강뉴부대장 월데 중령은 즉시 전군에 비상을 내리고 전원 전투태세를 취했다. 그들은 조용히 전의를 다지면서 적이 오기를 기다렸다. 이윽고 적이 나타났다.

적은 새벽 1시 30분에 대포와 박격포로 강뉴부대 저지선과 전초기지를 맹폭하고 2시에 적 보병이 진격해왔다. 월데 중령은 매복해 있는 제네베 소위에게 발견되어 공격당하지 않는 한 공격하지 말고 숨어 있으라고 지시했다. 그들에게 교전을 피하고 다음 지시를 기다리라고 했다. 또한 월데 중령은 맨 앞 전초 진지에 있는 병사들에게도 적이 다가오도록 단 한 발의 총도 발사하지 말도록 지시했다.

작전 그대로 되었다. 제네베 소위의 매복조는 숨어서 경계태세를 갖추고 적들이 지나쳐 자기 진영으로 진격하도록 버려두었다. 적군은 둘로 나뉘어 1개 중대는 요케 진지를 향했다. 기다리고 있던 에티오피아 전사들은 일시에 소리를 지르며 모든 화기를 총동원해 적을 향해 발사했다. 삽시간에 강뉴부대 전 전선에서 전투가 시작되었다.

요케 진지에서도 전투가 벌어졌다. 요케 진지 참호에 용케 진입한 공산군을 에티오피아 병사들은 예의 그 뛰어난 총검술로 간단히 처치했다. 숫자를 앞세운 공산군의 끈질긴 공격을 에티오피아 전사들은 무서운 투혼과 가공할 총검술로 막아내며 전투는 45분이나 계속되었다. 용감무쌍한 베자비 소위는 적의 포탄에 전혀 굴하지 않고 부하들을 독려하며 선두에 서서 네 배나 많은 적군을 무찔렀다. 강뉴부대장 월데 중령도 적의 포탄 속을 누비며 이 진지 저 진지로 옮겨 다니며 전투를 직접 지휘했다.

한 시간여의 치열한 접전 끝에 공산군은 강뉴부대 전선을 와해시키려는 노력을 포기하고 많은 사상자를 남기고 도주하기 시작했다. 적이 후퇴하자 월데 중령은 매복하고 있는 제네베 소위에게 퇴각하는 적군을 공격하라고 명령했다. 제네베 소위와 대원들은 즉각 공격을 가했다. 퇴각하던 적군은 기습을 받았으나 공격군의 숫자가 소수인 것을 알고 이들을 소탕하여 그날의 패배를 조금이라도 되갚으려고 숫자를 믿고 역습을 가해왔다. 그러나 16명의 대원과 제네베 소위는 불같은 투혼과 총검술로 이들을 제압했다. 공산군은 추가로 엄청난 인명 피해를 입고 또 도주했다. 5월 19일 새벽 적을 물리치고 의기양양하여 제네베 소위와 매복조가 부대 주저지선으로 돌아왔다.

두세 시간 후에 미군 2명과 에티오피아군 3명으로 구성된 합동 정찰대를 지난 밤 전투 현장에 파견하여 전사한 적병의 숫자를 파악토록 하였다. 합동 정찰대는 중공군 사망자 시체 90구를 확인하고 2명의 부상자를 생포했다. 또한, 기관총 15정과 수천 발의 탄약, 수백 개의 수류탄을 수거했다. 에티오피아 전사들의 또 하나의 빛나는 승리였다.

공산군들은 요케 진지가 강뉴부대의 방어뿐만 아니라 미 7사단의 방어에도 중요한 요충지라는 것을 잘 알았기에 이곳을 점령하려고 계속 공격했던 것이다. 유엔군 역시 이곳의 중요성을 알고 있었기에 막강 부대인 강뉴부대에게 이곳 방어를 맡겼다. 미 7사단은 강뉴부대가 능히 이곳을 지켜낼 줄 믿었다. 유엔군이 에티오피아 전사들을 얼마나 깊게 신뢰하는지를 보여주는 증거이다.

그날 밤의 패배에도 불구하고 공산군은 요케 진지를 장악하려는 고삐를 놓지 않았다. 적군은 5월 22일 새벽 1시 요케 진지를 향해 포탄을 퍼부었다. 다시 공격해오리라 예상했던 베쟈비 소위는 부하들에게 경계를 늦추지 말라고 지시했다. 그는 부지런히 참호들을 오가며 경계태세와 각종 화기의 상태를 점검했다. 그가 모든 참호를 점검하고 소대 본부로 막 돌아왔을 때 대규모 병력이 요케 진지를 향해 침입해온다는 보고를 무전기로 받았다. 베쟈비 소위는 즉시 450미터 전방에 배치된 척후병을 맨 앞

초소로 돌아오도록 지시한 후 그는 참호를 연결하는 좁은 통로를 비호같이 달리며 각 참호 병사들에게 공격 준비를 명령하며 맨 앞 참호에 들어가 적이 오기를 기다렸다. 새벽 1시 반쯤 적 2개 중대가 박격포의 지원사격을 받으며 베자비 소위의 참호까지 진격해왔다. 베자비 소위와 전사들은 공산군 1차 공격을 저지했다. 그러나 중공군은 개미떼와 같았다. 500여 명의 적군은 57명이 지키는 요케진지를 인해전술로 덮쳐왔다.

1차 공격에 실패한 공산군은 전열을 가다듬고 인해전술로 더욱 강렬하게 공격하여 마침내 맨 앞 참호를 돌파했다. 그러나 에티오피아 전사들의 격렬한 저항에 적은 뒤로 밀렸다. 참호 안팎에서 치열한 전투가 계속되었다. 공산군은 막대한 인명 피해에도 아랑곳하지 않았다. 어떤 희생을 치루더라도 요케 진지를 손에 넣을 심산이었다. 양측은 치열한 백병전을 벌였고 그날 밤 다시 한번 백병전 불패의 기록을 갱신했다. 두 시간여의 혈투 끝에 적은 많은 사상자를 남기고 퇴각했다. 다음 날 정찰대는 중공군 90명의 시신을 확인했다.

1953년 5월 20일 밤 에티오피아 전사들에게는 잊지 못할 비통한 사건이 요케 진지에서 발생했다. 용감무쌍한 베자비 소위가 중상을 입은 아세파(Assefa Tache) 하사와 연락병을 구하려다 전사한 것이다. 참호 밖에서 적군의 불같은 공격을 아군이 예의 총검술로 막아내고 있었다. 베자비 소위는 한걸음도 물러서지 않고 왼손으로는 권총을 발사하며 오른손으로 수류탄을 투척하며 입으로는 부하들을 독려했다. 적군이 마지막 공격을 퍼부을 때 베자비 소위는 아세파 하사가 총상을 입고 신음하는 것을 목격했다. 베자비 소위가 아세파 소위에게 달려가 그를 들쳐 업고 위생병에게 인도했을 때 아세파 하사는 출혈 과다로 숨을 막 거두었다.

그때 베자비 소위는 신음소리를 또 들었다. 중상을 입은 그의 연락병이었다. 본능적으로 그에게 달려간 베자비 소위는 "나 죽어요" 하는 연락병의 말을 들었다. 베자비 소위는 그를 업으려고 몸을 숙였다. 그때 아마도 마지막이었을 적의 탄환이 베자비 소위에게 명중했다. 그리고 적은 도주했다. 부하들이 베자비 소위에게 몰려들었을 때 그는 숨을 막 거두었다. 조금 전까지만 해도 자기들을 독려하며 선두에서 싸워 승리를 지휘했던 소대장이 연락병을 구하려다 전사하자 소대원들은 모두 오열했다.

소대원들은 눈을 의심하며 믿으려하지 않았다. 그러나 그것은 현실이었다. 용감했던 베자비 소위는 승리를 목전에 두고 부하들을 구하려다 전사했다. 그의 이름은 조국과 세계 평화에 바친 희생적인 참 군인의 표상으로 에티오피아 전사들의 마음에 영원히 남았다. 베자비 소위의 죽음은 에티오피아 전사들뿐만 아니라 전 유엔군의 심금을 울렸다.

요케 진지를 점령하려는 적군의 무모한 공격은 계속되었다. 1953년 5월 21일 밤 11시 적 1개 소대가 요케 진지를 공격했지만 11시 반에 전사자 5명, 부상자 15명을 남기고 패퇴했다. 아군의 피해는 없었다. 다음날인 5월 22일 밤 11시에도 보강된 적 1개 소대가 다시 요케 진지를 공격해왔다. 치열한 백병전 끝에 적은 전사자 15명, 부상자 26명을 남기고 자정이 넘어 패퇴했다.

6월 4일에 적은 1개 중대의 병력으로 '요케 진지'와 '엉클 진지(Uncle Post)'를 동시에 공격해왔다. 이번에도 적은 전사자 15명만 남기고 아무런 성과도 거두지 못하고 패퇴했다. '요케'는 이로써 강뉴부대에게는 영광스런 승리의 상징이 되었다. 공산군의 인해전술을 앞세운 파상적인 공세를 매번 격퇴했지 않은가? 에티오피아 전사들의 철저한 임무수행과 월데 중령의 탁월한 통솔력이 어우러져 요케 전투 신화를 창조했다.

철원에서 거행된 임무교대식에서 강뉴부대기를 3진 부대장 월데 중령에게 인계하는 2진
부대장 아스파으 중령

금화지구 요케 진지에서 참호를 구축하는 전사들

요케 진지에서 격전을 마치고 라디오 뉴스를 듣는 에티오피아 전사들

1953년 5월 요케 진지에서의 전공을 기려 대한민국 대통령 표창을 수여하고 부대기에 리본을 달아주는 대한민국 국방장관 손원일

우리는 네가 자랑스럽다

이승만 대통령은 1953년 5월 11일에서 7월 27일 사이 에티오피아 전사들의 뛰어난 전공을 기려 표창했다. 그 표창장 내용은 다음과 같다.

"특히 1953년 5월 20일 강뉴부대는 한국 전선의 가장 전략적 요충지인 요케 진지를 소총과 수류탄만으로 무장한 1개 소대로 압도적인 공산군의 공세를 격퇴했습니다. 이것은 소대원 전부가 하나같이 임무에 대한 확고한 의지와 책임감, 높은 사기, 참 군인 정신이 어우러져 만든 승리였습니다. 귀 부대가 세운 전공은 귀 장병 모두의 자랑이며 동시에 한국을 지키기 위하여 공산 적군과 싸운 전 유엔군의 자랑이기도 합니다. 이 표창장 수여로 1953년 5월 11일에서 7월 27일 사이 요케 진지 전투에 참가한 모든 장병에게 대통령 리본을 달아드리겠습니다."

모든 유엔 연합군 대표들도 강뉴부대가 보여준 요케 진지에서의 놀라운 투혼에 대해 칭송을 아끼지 않았다. 특히 미 1군단장 클라크(Bruce C. Clarke) 장군, 미 7사단장 트루도 장군을 비롯한 유엔 고위 장성들이 월데 중령과 강뉴부대가 보여준 전투력에 경의를 표했다.

미 1군단장 클라크 장군은 한국 근무를 마치고 이임하면서 다음과 같은 서한을 강뉴부대에 보내왔다.

"강뉴부대의 전투력은 놀랍고 모든 군인에게 귀감이 되고 있습니다. 강뉴부대는 참 군인 정신으로 부여 받은 임무를 완벽히 달성하였습니다. 전투에서 보여준 여러분의 모든 행위는 더 이상의 칭송이 불가합니다. 이임사를 빌려 나는 여러분의 전공에 대하여 축하와 경의를 동시에 표합니다. 한국에서 공산 침략을 분쇄한 귀부대의 눈부신 역할에 세계의 자유를 사랑하는 모든 사람이 주목하고 찬양을 보내고 있습니다."

미 7사단장 트루도 장군도 다음과 같은 서한을 강뉴부대장 아스파으 중령에게 보내왔다.

"강뉴부대 장병들의 책임감에서 나오는 용감무쌍한 전투력은 자유를 사랑하는 모든 나라의 모범이 되었습니다. 전장에서의 전설적인 투혼, 군무의 효율적인 군행정, 지휘부의 통솔력이 합하여 강뉴부대는 역사의 한 페이지를 화려하게 장식하게 되었습니다. 강뉴부대가 한국전쟁에서 이룩한 업적들은 '불가능한 일은 없다, 어떠한 희생도 값지다, 임무가 우선이다'라는 표어를 생활화한 산물이라고 확신합니다."

강뉴부대의 눈부신 활동을 보고받은 셀라시에 황제도 부대장 월데 중령에게 다음과 같은 전문을 보내왔다.

"짐의 명을 가슴 깊이 새긴 그대들이 한국에서 다른 유엔군들과 어깨를 나란히 하여 전선에 배치된 짧은 기간에도 훌륭히 싸웠도다. 그대들의 눈부신 전공소식을 짐과 군 합참의장은 기쁜 마음으로 접했노라. 그대들이 수적으로 훨씬 많은 공산도배들과 맞서 무서운 투혼, 탁월한 용병술과 뛰어난 총검술로 성취한 전공은 그대들의 자랑이며 에티오피아 모든 백성의 자랑이도다. 짐은 모든 백성과 함께 이 기쁨을 같이하며 그대들이 무한히 자랑스럽도다.

171

무엇보다도 그대들의 영광된 희생으로 전 세계는 에티오피아가 세계 평화를 해치는 공산도배들과 항상 맞서 싸울 것임을 알게 되었도다. 짐은 그대들의 무운과 무사귀환을 기원하노라. 하나님이 그대들을 축복하시기를……."

자유세계의 최전방 기지인 한국의 요케 진지는 에티오피아 병사들의 피로 검붉게 물들여졌다. 에티오피아 전사들이 흘린 피 때문에 요케 진지는 집요한 공격에도 적의 손에 들어가지 않았다. 요케에서의 강뉴부대의 공산군과의 혈투는 자유세계로 하여금 평화를 해치는 세력과의 의로운 싸움을 항상 생각하게 하는 교육현장으로 영원히 남을 것이다. 요케의 혈투는 한국전에 참전한 에티오피아 전사들의 영광스런 역사로 기록되었다.

제 18 장

한국에 온 무루게타 불리 장군

1953년 5월 강뉴부대 장병들은 반갑기 그지없는 소식을 들었다. 그들이 요케에서 그리고 독산리 전선에서 공산군의 집요한 공격에 산하를 피로 물들이며 용감히 맞서 치열한 공방전을 벌이고 있을 때 황실근위대장 무루게타 불리 장군이 한국에 도착했다는 소식을 들은 것이다.

그 소식은 전광석화같이 퍼져 불과 몇 분 만에 강뉴부대 전 장병이 알게 되었다. 그것은 분명 큰 사건이었다. 한국과 에티오피아의 거리와 그보다도 무루게타 장군의 바쁜 일정을 잘 알고 있는 에티오피아 전사들이었기에 장군의 방문은 전혀 생각지 못했었다. 그것은 한국전쟁에 참전한 그들을 장군이 얼마나 배려하는지를 보여주는 것이다. 무루게타 장군의 그러한 배려에 전 장병은 감사하고 더불어 사기가 올랐다.

5월 27일 무루게타 장군은 일본 도쿄 하네다 공항에 도착해 유엔군 총사령관 클라크 장군을 대신한 고위 유엔군 장성들과 주유엔군 에티오피아 연락사무소 대표 이메루(Immeru Wonde) 대위의 환영을 받고 도쿄 중심부에 있는 산노호텔에 투숙했다.

다음날 에티오피아 연락사무소를 시찰하고 오후에는 군병원을 방문해 한국전쟁에서 부상당한 강뉴부대 용사들의 치료 상태, 병원 생활 등을 꼼꼼히 살피고 위문했다. 에티오피아 부상병들은 병원의 치료 수준에 만족한다고 말하며 장군의 위문에 무한 감사해 했다. 무루게타 장군은 담당 의사들에게도 에티오피아 정부를 대신해서 감사의 말을 전했다.

이날 유엔군 총사령관 클라크 대장은 무루게타 장군을 조찬에 초청해 강뉴부대의 눈부신 활동을 치하하고 한국전쟁에 유엔군의 일원으로 에티오피아군을 파병한 것에 대하여 셀라시에 황제에게 감사의 뜻을 전했다.

무루게타 장군은 도쿄 방문에 맞춰 강뉴부대가 한국전쟁에서 활동을 잘하도록 협조해준 유엔 연락사무소 대표 프란스워스(E. E. Fransworth) 대령과 러스(Joseph R. Russ) 대령에게 에티오피아 훈장을 전달했다.

5월 29일 정오에 무루게타 장군은 한국으로 출발했다 비행장에서 강뉴부대장 월데 중령과 미 8군 대표한 미 고위장성 등의 환영을 받은 후 미 8군 본부로 이동하였다. 미 8군 연병장에서 미 8군 사령관 테일러(Maxwell D. Taylor) 장군은 무르게타 장군 환영 열병식을 열었다.

테일러 사령관은 무루게타 장군 초청 오찬에서 주한 에티오피아 파병부대의 활약상을 칭찬했다. 특히 테일러 사령관은 공산군이 대대적으로 공격해온 최근의 독산리 전투에서 강뉴부대가 쟁취한 빛나는 전공을 강조했다. 테일러 사령관은 에티오피아 전사들을 존경한다고 말하며 그러한 훌륭한 부대를 자신이 지휘하고 있다는 것이 영광스럽다고 말했다.

무루게타 장군은 미 8군이 마련한 대로 미 8군의 전방부대 및 후방부대 여러 곳을 시찰했다. 무루게타 장군은 한국전에서 전 유엔군의 거대한 조직을 효과적으로 운영함에 있어서 전방부대는 물론 이를 뒷받침하는 후방부대의 역할을 잘 인식하였다.

한국군 및 미군을 비롯한 유엔군 수뇌부로부터 요케 전투에서 강뉴부대의 혁혁한 전과에 대하여 칭송을 익히 들은 무루게타 장군이 6월 3일 강뉴부대 본부에 도착했다. 연병장에 각 부대에서 차출된 1개 중대가 도열하여 장군께 절도 있는 경례를 올리고 무루게타 장군도 힘차게 답례했다. 그는 먼저 강뉴부대장 월데 중령과 악수하고 차례로 도열한 장교들과 악수를 나눈 후 중대를 사열했다. 에티오피아 전사들은 그들의 전공에 자부심을 느끼며 머리를 바로 세우고 강한 눈빛으로 장군을 응시했다. 그들은 앞으로도 조국과 황제에게 누가 되지 않도록 계속 최선을 다할 것을 다시 한번 다짐했다.

에티오피아 전사들이 무루게타 장군을 응시할 때 그들의 눈은 말하고 있었다. "장군님, 우리는 기필코 승리를 쟁취한 후 귀국하겠습니다. 우리의 황제 폐하와 국민께 우리의 각오를 전해 주십시오. 저희는 자랑스런 에티오피아 국기를 이곳 한국 땅에서 드높이겠습니다."

환영식 후 월데 중령의 안내를 받으며 무루게타 장군은 강뉴부대 전선을 시찰하며 경계를 서고 있는 모든 병사들과 악수하고 격려했다. 월데 중령은 전선의 현황과 적의 전술에 대하여 장군에게 설명했다. 무루게타 장군은 망원경으로 적진을 살피며 전반적인 작전에 대하여 월데 중령과 의견 교환을 했다.

이날 오후에 무루게타 장군은 혁혁한 전공을 세운 에티오피아 장병들과 강뉴부대에 긴밀히 협조해 준 미 장교들에게 에티오피아 훈장을 전달했다.

무루게타 장군은 이후 3일 동안 강뉴부대에 머물면서 귀국 후 개선할 수 있도록 현장에서의 장병들의 애로사항 등을 꼼꼼히 살폈다. 장군의 부대 방문은 에티오피아 전사들에게 깊은 감동과 인상을 남겼고 그들의 사기는 한층 더 높아졌다. 무루게타 장군에 대한 장병들의 존경심과 충성심은 그의 방한으로 한층 더 깊어졌다.

에티오피아 사람들은 고대 로마인들이 시저 부인에 대하여 기대한 것이 옳다고 믿는다. 즉 시저 부인은 단순히 결백한 것으로는 충분하지 않고 그 결백과 정직을 증명할 수 있어야 한다는 시저 부인에 대한 로마인들의 기대 말이다. 다시 말해서 에티오피아 사람들은 자기 소명에 대한 진정한 관심은 관심 자체만으로는 충분하지 않고 그 사명을 완수해야 가치가 있다고 믿는 사람들이다.

막중하고 바쁜 하일레 셀라시에 황제 황실근위대장인 무루게타 장군은 한국에 파병된 강뉴부대를 직접 방문함으로써 그들에 대한 그의 지대한 관심을 보여주고 에티오피아 전사들의 가슴에 강한 인상을 남겼다.

미 8군 연병장에서 무루게타 장군 환영식에서 답례하는 미8군 사령관 테일러 중장과 황실
근위대장 무루게타 준장

주한 미군 1군단 사령부에서 에티오피아 황실근위대장 무루게타 준장과 담소하는 1군단장
클라크 장군

다른 나라 유엔군이 보고 있는 가운데 에티오피아 전통 음식을 만들고 있는 병사들

가평 지구에서 배식을 기다리는 장병들

제 19 장

오늘의 에티오피아의 영광

요케 진지를 점령하기 위한 끈질긴 공격이 실패로 끝나자, 중공군은 1953년 5월 마지막 주간에는 수비 활동만 했다. 공산군은 아마도 휴전협정 조인에 앞서 그동안의 패전으로 흐트러진 전열을 정비해 6~7월 대대적으로 공격하기 위한 준비를 하는 것으로 관측됐다. 그러나 에티오피아 전사들은 이들을 계속 괴롭혔다. 강뉴부대 수색대가 유엔군과 중공군이 대치하고 있는 지역을 밤낮으로 정찰해 이 지역을 완전 장악하고 작전의 주도권을 잡았다. 그 결과 강뉴부대 장병들의 사기는 적을 압도했다.

5월 23일과 28일에 있었던 강뉴부대 정찰대의 활약을 보면 에티오피아 전사들의 감투정신과 드높은 사기를 잘 알 수 있다. 5월 23일 이메르(Yimer Yamele) 중사가 이끄는 5명의 정찰대가 적진을 탐색하러 출동했다. 그들이 목적 지점에 당도했을 때 적진에 포착되었다. 중공군은 즉각 이들을 포위하고 공격했다.

보통 5명의 정찰대라면 전투가 아니라 적진 탐지가 임무이기 때문에 강뉴부대 방어선으로 후퇴하는 것이다. 그러나 이들은 후퇴하지 않고 중공군과 교전하면서 무전으로 이 사실을 알리면서 지원을 요청했다. 5인조 정찰대와 급파된 지원 병력은 수적으로 훨씬 우세한 중공군과 치열한 백병전을 벌였다. 그 결과 적은 사망 20명에 박격포가 파괴되었지만 아군은 피해가 전무했다.

5월 28일 독산리 전선에서 마모(Mamo Haptewolde) 소위가 16명의 정찰대원을 이끌고 적진 바로 앞에 매복하는 임무를 띠고 강뉴부대 저지선을 떠나 출동했다. 조심스럽게 야음을 틈타 매복할 지점에 당도했을 때 많은 적이 그들을 급습했다. 300여 명의 중공군이 세 방면에서 16명의 대원을 공격해와 양측의 치열한 교전이 시작되었다. 처음부터 적이 20배가 넘는 대규모이고 전투를 피해 후퇴할 수도 있었지만 용감무쌍한 마모 소위는 이들과 백병전으로 맞설 각오를 하고 공방전을 벌였다. 이 전투 결과 초반에 에티오피아 병사 3명이 전사하고 나머지 13명 전원이 부상을 당했다.

그러나 부상에 아랑곳 않고 13명의 에티오피아 전사들은 무서운 영웅적 투혼을 발휘하며 전투를 계속했다. 흐르는 피로 범벅이 된 마모 소위와 대원들은 그 순간에도 다음과 같은 마음의 다짐을 했다. '자리를 사수하여 마지막 순간까지 싸우자!' 그리고 그들은 그렇게 했다. 그들은 원형 대진을 형성하여 계속 밀려드는 적을 물리치고 또 물리쳤다. 적은 사상자가 많이 발생했지만 계속 인해전술을 펼쳤다. 접전 중에 마모 소위의 무전기가 박살나 교신이 두절되었다. 중상을 입은 타다세(Tadesse Wolde) 상병이 자신의 위험을 무릅쓰고 사선을 뚫고 부대 저지선으로 가서, 정찰대의 위급함을 알리고 지원을 요청했다. 강뉴부대장의 명령으로 지원 병력이 올 때까지 부상당한 13명의 정찰대원은 항복치 않고 적과 접전을 계속했다. 그들은 최후의 피 한 방울이 남을 때까지 싸울 작정이었다.

마모 소위는 원형 저지선을 돌파해 자기 대원을 죽이려는 적병을 여러 명 사살하여 부하들을 구했다. 새벽 3시에 아스파으 중령의 명령을 받고 제네베(Zenebe Asfaw) 중위가 이끄는 16명의 지원 병력이 마모 소위의 위급함을 알고 지체 없이 달려왔다.

마모 소위와 13명의 대원들 그리고 제네베 중위가 이끄는 16명의 지원병이 합세해 예의 귀신같은 총검술에 눌려 적은 35명 사망 등 100명 이상이 부상을 입고 패퇴했다. 이 죽음을 무릅쓴 마모 소위는 에티오피아 최고 무공훈장을 받았다.

6월 4일 밤 9시 적의 1개 중대가 와키네(Workineh Makko) 중위가 1개 소대 병력으로 지키고 있는 요케 진지를 공격해왔다. 또 다른 적은 9시 20분에 엉클 진지를 공격해왔다. 치열한 접전 중에 진지와 본부 간에 통신이 두절되었다. 요케 진지와 엉클 진지에서 격전이 벌어지고 있는 시각에 강뉴부대 전 전선을 적군이 공격해왔다. 그러나 에티오피아 전사들은 빈틈없는 대응으로 적들을 다 물리쳤다. 이날 전투 결과 아군은 전사자 2명에 부상자 6명이고 적은 전사자 25명에 부상자는 부지기수였다.

6월 18일 16명의 정찰대원을 인솔하여 베레이네(Belayneh Negatou) 중위가 적진으로 향하여 목표 지점에 도착, 병사들을 전투 대형으로 배치했다. 밤 9시 적 1개 소대가 수류탄 투척 거리로 접근해왔다. 이에 베레이네 중위와 대원들은 일시에 급습해 총검술로 적들을 패퇴시켰다. 30분쯤 뒤 전열을 가다듬은 적군이 초반 전투의 실패를 만회하려고 공격해왔다. 그러나 에티오피아 전사들은 그 자리에서 경계를 늦추지 않고 적의 공격을 기다리고 있었다. 그들은 적의 의도를 박살내고 많은 사상자를 입혔다.

1953년 6월 18일, 23일과 25일에 강뉴부대의 중화학 무기가 적 벙커,

통신 참호, 탄약 저장고 등에 포격을 가했다. 이로 인해 ˙적은 24명 전사자, 28명 부상자, 박격포 1문 파괴 등 막대한 손실을 입은 것으로 척후병이 보고했다.

약 3개월여 동안 최전선에 있던 강뉴부대가 미 32연대 3대대와 자리를 바꿔 후방 예비부대로 이동했다. 전쟁 시기에 후방부대란 전투를 중단하고 전선으로 투입될 때까지 휴식을 취하는 것이 보통이었다. 그러나 강뉴부대는 이 시기에도 다음과 같은 이유로 휴식을 취하지 않았다.

1953년 6월에 접어들자 1951년에 시작된 정전회담이 새로운 국면을 맞았다. 정전회담이 이제 결론을 내리고 곧 서명할 것이라는 조짐이 이곳저곳에서 감지되었다. 그동안 절대로 타협이 불가능해 보였던 쟁점들, 예컨대 전쟁포로 교환이나 중립국 감시 문제들에 이제 타협의 실마리가 보였다.

세계사에 안목이 있는 자는 이제 한국전쟁의 휴전협정이 곧 체결될 것이라고 확신했다. 이제 서명할 그 시기만이 문제였다. 공산군만이 믿을 수 없는 행동으로 협상을 방해했다. 적대 행위 중지는 오로지 공산군에게 달려 있었다. 소련에서 새로운 실권자로 떠오른 마렌코프(Malenkov)가 평화 공세를 펼치자 서방 세계는 공산군이 이제 한국전쟁의 휴전협정에 곧 서명할 것이라고 확신했다. 1953년 3월 마렌코프가 소련의 권력을 잡은 후 한국전쟁은 곧 휴전되리라고 예측되었다. 왜냐하면, 소련의 새로운 지도자는 세계 평화를 원한다고 천명했기 때문에 한국전쟁이 계속된다면 자기모순에 빠지고 서방 세계에 공산 진영이 세계 평화를 원한다는 것을 확신시킬 수 없기 때문이었다.

그러나 한국전쟁이 휴전되었다고 해서 공산 진영이 진정으로 국제 평화를 원한다는 것을 의미할까? 대답은 '절대 아니다'이다. 한국에서 총성이 멎었다고 해서 공산 진영이 '평화주의자'라고 절대로 말할 수는 없다. 아무튼 한국전쟁의 휴전협정에 서명함으로써 공산 진영은 그들의 의도를 의심하는 자들에게 그렇지 않다고 주장할 근거를 만든 셈이었다.

휴전협정 서명이 임박해 오자 중공군은 한국군과 유엔군에 대하여 군사적 우위를 점하려는 마지막 야욕을 나타냈다. 그들은 한 치라도 더 유리한 군사분계선을 만들어서 다시 전투가 시작될 때에 유리한 고지를 차지하려 했다.

정전회담이 열렸던 지난 2년 동안 중부전선의 적 진영은 전진 배치되어 유엔군이나 한국군 보다 더 유리한 위치에 있었다. 즉 공산군 진영은 대부분 산 등 고지대에 있었고 자유 진영은 전 전선에서 일부 구간을 제외하고는 상대적으로 저지대에 포진하고 있었다. 그래서 공산 진영은 방어하기가 쉬웠고 반대로 자유 진영은 공격하기가 매우 어려웠다. 그러나 정전회담에서 이 점을 분명히 규정했다. 즉 휴전협정이 서명되는 그날의 위치에서 양진영은 각각 2킬로미터씩 후퇴해 총 4킬로미터의 군사 완충지대 즉, 비무장지대를 두기로 합의했다.

그 비무장지대에 관한 조항은 공산 진영에게는 유리한 군사적 요충지를 내어놓는 것으로 불리하다고 생각했다. 그 지역은 자체로 훌륭한 군사적 요충지일 뿐만 아니라 회담이 열렸던 지난 2년 동안 벙커를 구축하는 등 인위적으로도 요새화시켰던 것이다. 그들은 이것을 포기하지 않으려 했다. 그래서 그들은 1953년 6월부터 휴전협정이 서명될 때까지 몇 킬로미터라도 더 빼앗기 위해 총공세를 펼쳤다.

휴전협정이 서명되기 전 3주일 동안 공산군이 총공세를 퍼부어 중부전선 특히 '철의 삼각지'에서는 연일 치열한 공방전이 벌어지며 하루에도 전선의 지도가 여러 차례 바뀌었다. 적은 유엔군의 방어선을 뚫으려 했고 유엔군은 필사적으로 이를 저지했다. 지난 3년 동안의 한국전쟁 중 가장 치열하고 피아간에 사상자가 가장 많이 발생했다. 공산군은 만주에서 대규모의 지원군과 대포 등 중화학 무기를 중부전선에 투입했다. 한국군과 유엔군에게 가장 혹독한 시기였다. 그러나 결과적으로 유엔군은 적의 공격을 다 막아내어 전선을 고수했다.

공산군의 총공세로 7월 초부터 온 전선이 포성에 휩싸이자 후방 예비부대로 배치되었던 강뉴부대가 8일 만에 최전선인 금화지구로 다시 투입되었다. 적이 '돈편 고지(Hill Porkchop)'의 미 17연대를 공격하자 강뉴부대는 만일의 사태 때 이들을 지원하기로 했다.

강뉴부대가 그곳에서 진지를 구축하자 바로 '제임스타운(James Town)'으로 이동해 콜롬비아군과 교대하라는 명령을 받았다. 강뉴부대는 지체하지 않고 제임스타운으로 이동했다.

미 7사단에 닥친 이 위급한 72시간 동안 강뉴부대는 명령에 따라 최전선에서 진지를 세 곳이나 구축했다. 그들의 부대이동은 신속했고 절도가 있어 모든 유엔군의 귀감이 되었다. 이에 미 7사단장 스미스 장군은 강뉴부대에 감사 서한을 보내왔다.

이 마지막 고비에서도 에티오피아 전사들은 그들의 명성에 걸맞게 공산군을 물리쳐 유엔군에서도 가장 훌륭한 무적의 부대로 칭송받았다. 그들이 받은 훈장, 표창장과 감사서한이 치열했던 그 3주 동안 그들이 얼마나 용감하게 싸웠는지를 잘 보여준다. 강뉴부대 1, 2, 3진 모두 한국에서 임무를 훌륭히 완수했으며 한국의 자유를 지키며 에티오피아의 명예를 드높였다.

어느 미국 장군은 "셀라시에 황제는 그의 군대와 무루게타 장군을 자랑스러워해야 한다. 왜냐하면 무루게타 장군이 황실근위대에서 세계 최정예부대인 강뉴부대를 만들었기 때문이다. 무루게타 장군은 최강의 강뉴부대만이 한국에서 세계 평화라는 임무를 완수할 것이며 그것이 조국 에티오피아와 셀라시에 황제 그리고 역사 앞에 떳떳하다는 것을 인식한 불세출의 장군이다"라고 갈파했다.

진정 '강뉴부대'라는 단어는 이제 에티오피아의 영광을 상징하는 말이 되었다. 한국 전선에 배치된 때부터 휴전협정이 서명될 때까지 3개월 동안 강뉴부대 3진은 71번의 야간 정찰, 64번의 주간 정찰을 했으며, 적의 수없는 공격에 한 치도 물러서지 않고 적을 물리쳤다.

이 기간 동안 중부전선에서 보여준 강뉴부대 전사들의 믿기지 않는 무용담과 전공은 모든 유엔군은 물론 적에게도 선망의 대상이 되었다. 강뉴부대는 어려움을 훌륭히 극복하고 한국에 서의 사명—집단안보 정신으로 한국의 자유를 지키고 조국의 명예를 높이자—을 완수했다.

강뉴부대 3진의 용맹성을 기려 미 32연대의 600명 이상의 장병들이 열병식을 거행하고 에티오피아 전사들에게 은 사발 세트를 증정했다. 세브레(Edmund B. Sebree) 사단장은 전사한 아메뉴(Bahbite Amenu) 중사에게 그의 영웅적 행위를 기려 사후 은성무공훈장을 수여했다. 독산리 전투에서 아메뉴 중사는 총을 떨어뜨리고도 몸을 피하지 않고 전사할 때까지 수류탄을 계속 던져 공산군에게 많은 사상자를 입혔다.

강뉴부대 용사들은 32연대 장병들의 열병식을 바라보며 감개무량해했으며 미군 비행기들이 상공에서 저공으로 축하 비행을 했다. 은 사발 증정은 그네들의 불타는 투혼에 찬사를 보내며 전우로서 영원히 기억할 것을 상징하는 것이다.

한국전쟁의 휴전이 성립된 이후에도 강뉴부대 3진은 계속하여 전선에 남았다. 실전으로 단련된 강뉴 용사들은 그들이 힘들여 점령한 고지를 지키기 위하여 경계와 훈련을 조금도 게을리 하지 않았다. 적들이 다시 도발을 일으킬 경우를 대비해 오히려 훈련 강도를 높였다.

철원의 비무장지대에서 경계 임무를 1년 동안 수행해오던 강뉴부대 3진은 임무를 후임부대에 넘겼다. 한국군과 미군을 비롯한 다른 나라 유엔군들이 부러워하는 눈빛으로 바라보고 있는 가운데 강뉴부대 임무 교대식이 연병장에서 엄숙히 거행되었다. 강뉴부대 3진 부대장 요하니스 중령은 후임자 합테마리암 중령에게 지휘권을 넘기면서 이렇게 말했다.

"우리 조국 에티오피아는 세계 평화를 지키기 위한 집단안보 정신에 입각하여 침략자로부터 한국을 지켜 세계 평화를 지키기 위하여 강뉴부대를 이곳에 파견했습니다. 한국전쟁에 참가한 이후 우리 강뉴부대는 강인한 군인 정신과 영웅적 전투로 우리의 목적을 달성했습니다. 하나님의 가호로 우리의 황제께서 하명하신 대로 어떠한 상황에서도 적들을 격파했으며 그로써 우리 조국과 국민에게 영광을 바쳤습니다.

오늘 우리의 후배 전우 여러분께 우리가 그렇게 소중히 간직하며 무수한 전투를 승리로 이끌어 이곳 한국에서 영광스럽게 휘날리는 이 강뉴부대기를 넘기면서, 나는 우리를 강건케 하여 그 험난한 전투를 모두 승리케 하여주신 천지신명께 감사를 드려마지 않습니다.

나의 장병들을 대표하여 나는 여러분들도 여러분의 책임을 다하여 더 많은 전공을 이루고 우리 조국 에티오피아에서 속히 만나게 되기를 바랍니다. 그리고 지난 1년 동안 한국에서 생사를 같이한 나의 장병들에게도 그동안의 노고에 깊이 감사드립니다.

우리가 합심해 세계 평화를 위협하는 우리의 공적을 물리치는데 영광스러운 승리만이 우리에게 있기를 하나님께 기도합니다. 여러분, 승리하고 돌아와 에티오피아에서 만납시다.

한국 만세, 에티오피아 만세, 유엔 만세!

강뉴부대 제4진

1954. 7. 10. - 1955. 7. 9

"부당한 침략을 당해 도움을 요청하는 나라에 대하여서는 그 나라가 큰 나라이든 작은 나라이든 간에 결코 외면해서는 안 됩니다. 그것은 항상 어느 곳에서나 적용되어야 할 범지구적 원칙이어야 합니다. 우리가 지구 반대편에 있는 한국에 우리 군을 파병한 이유가 바로 거기에 있습니다. 세계 평화가 위협 받고 있는 오늘날 집단안보가 필요한 곳이라면 어느 곳이라도 우리는 달려가 우리의 책임을 다할 것입니다. 집단안보 정신에 입각해 에티오피아와 한국에서 세계 평화를 위해 산화한 우리의 애국 선영들 앞에서 우리 에티오피아는 그들의 범인류애 정신을 승계할 것을 다시 한번 다짐합니다."

에티오피아 황제
하일레 셀라시에 1세

중령 아스파으 합테마리암(Asfaw Haptemariam)

강뉴부대 4진 부대장의 임무는 적의 어떠한 도발도 능히 물리칠 수 있도록 최고 수준의 전투력 유지를 위해 훈련을 강화하고 부대를 완전하게 장악하는 것이다. 고된 훈련을 이겨내고 부대의 사기를 높이는데 가장 적임인 지휘관으로 한국에서 강뉴부대 4진을 이끌 부대장에 아스파으 합테마리암 중령이 선임되었다.

　1917년 하라르주 케레바에서 태어난 합테마리암 중령은 하일레 셀라시에 고등학교와 프랑스 학교를 졸업했다. 1931년 1년 동안 전보기사로

일한 다음 아디스아바바 사관학교에 입학하였다. 1934년 사관학교 졸업 후 스위스에 유학하여 대공무기학을 공부한 다음 1935년 귀국하여 황실 근위대에 배치되어 매츄 지역에서 이탈리아군과 싸웠다.

1941년 이탈리아로부터 해방 후 합테마리암은 중위로, 1944년에는 대위로 승진해 황실근위대 기술병과장으로 근무하였다. 1945년 가을에는 사관학교 행정부장으로 근무 중 소령으로 승진하였다. 1951년에는 중령으로 승진해 황실근위대 인사처장으로 근무했다.

한국으로 파견되기 직전에는 에티오피아 정부 특별대표로 유고슬라비아에 파견되었다. 그동안의 뛰어난 공적으로 그는 에티오피아의 성좌훈장과 메네리크 2세 훈장, 스웨덴의 성좌훈장, 유고슬라비아의 성좌훈장을 수여받았다.

1954년 5월 무루게타 장군은 합테마리암 중령의 침착한 성품과 책임감과 전문성을 높이 평가하여 그를 강뉴부대 4진 부대장으로 임명하였다. 합테마리암 중령은 지휘관으로서 필요한 모든 자질을 갖춘 자로 휘하부대의 장단점, 경계 준비와 필요한 사항을 미리 알고 준비하는 자였다. 그의 통찰력과 책임감으로 강뉴부대 4진의 훈련을 빈틈없이 준비했기 때문에 실전의 어떠한 돌발 사태에도 적절하게 대응할 수 있었다.

초급장교 시절 합테마리암은 부지런하고 근면한 자였다. 한국에서 강뉴부대 4진 부대장으로 근무하는 동안 그는 모든 면에서 완벽함을 보여줬다. 그는 쉽지 않은 그의 임무를 조용히 그러나 가장 효율적으로 수행했다. 자신의 부대원이나 남을 대할 때 확신에 차 있는 그의 모습을 보고 한국군이나 다른 나라 유엔군 동료들은 찬탄해 마지않았다. 그의 상관, 동료와 부하들 모두 온화한 성품에 전문적 식견을 갖춘 그를 존경하고 사랑했다. 합테마리암 중령은 황실근위대 역사에 길이 남을 이름임에 틀림없다.

제 20 장
자유세계의 방벽

자유애호민이 평화를 원한다면 전쟁에 반드시 대비해야 한다는 격언이 있다. 최근 이 격언을 등한시한 많은 국가들이 피비린내 나는 전쟁을 겪은 것을 보면 이 격언이 옛날보다도 오늘날에 더 맞는 말임을 실감케 한다. 현재보다도 이 말의 뜻을 곱씹어보고 대비하는 것이 필요한 때가 일찍이 없었다.

어두운 악의 세력인 공산주의가 오늘날 세계 평화를 위협하고 있다. 그들이 언제 어느 곳을 침략할지 예견하기가 어렵다. 공산주의는 근본적으로 부정직하고 신의가 없기 때문에 한국의 휴전이 언제 깨질지 모르고 유엔군과 공산군을 갈라놓은 좁고 기다란 비무장지대가 평화를 언제까지 지탱할 수 있을지 아무도 모른다.

공산주의자들은 수없이 말을 바꾸기 때문에 휴전이란 시간을 벌어 또하나의 침략을 준비하는 기간과도 같다. 같은 지역에서 도발할지 아니면 다른 곳에서 할지 예측하기가 어렵다. 그러나 자유세계가 경계를 느슨하게 하는 곳을 찾아 그들이 도발해올 것은 확실하다. 한국에서 휴전이 성립된 이후 아직 공산군의 도발은 없다. 그러나 인도차이나 반도의 혼란이 공산주의의 교란임을 누구도 부인하지 못하고 있다.

공산군들이 한국을 다시 공격하지 못하는 이유는 강뉴부대를 포함한 유엔군이 한국 전선을 지키고 있어 다시 도발할 경우 그들을 격퇴하고 나아가 중공 본토까지 보복할까 두려워서이다.

휴전 이후에도 16개국으로 구성된 유엔군은 한국군과 더불어 전선을 굳건히 지켰다. 강뉴부대 4진도 다른 유엔군과 같이 최전선의 일부를 맡아 선배 강뉴부대와 같은 책임감과 사기를 유지한 채 철원 부근의 비무장지대에서 경계 임무에 임했다.

휴전협정이 이루어진 시기에 한국에 파견된 강뉴부대 4진에게 가장 세심하고도 어려운 일은 전투력과 높은 사기를 최고 상태로 유지하여 적들의 도발에 대응하는 것이었다. 강뉴부대 4진이 이러한 임무를 완벽하게 수행함으로써 다시 한번 에티오피아 전사들의 성가를 높이고 한국의 평화와 세계 평화에 기여하였다.

전쟁 때에는 어느 부대의 전투력과 부대장의 능력은 그 부대의 감투정신에 의해 좌우된다. 실제 전투가 있을 때에는 사기나 감투정신은 자연스럽게 본능처럼 표출된다. 그러나 휴전은 전투가 없는 느슨한 상황이기 때문에 감투정신이 약해지고 그로 인해 부대가 위험에 빠질 수 있다. 귀가 터져 나갈 듯한 포성과 총탄소리가 사라지고, 양측의 치열한 공방전이 끝나고 사방에 만연한 포연도 사라졌다. 이제 전사들의 감투정신을 자극할 만한 상황은 없다. 대신에 향수와 외로움이 젊은 병사들을 엄습해 오고 가족과 친구 생각에 고향으로 돌아가고 싶은 생각이 든다.

집단안보를 지키기 위해 자원해 온 에티오피아 전사들에게도 총성이 멈춘 전선에서 그러한 심리 상태는 자연스럽고 예외일 수 없었다. 강뉴부대 지휘부는 장병들에게 감투정신을 계속 불어넣어야 할 막중한 책무가 있었다. 이러한 상황이 그 당시 한국에 주둔한 강뉴부대 4진의 현실이었고 강뉴부대장은 이 점을 간파하고 부대를 항상 전투태세를 갖추고 높은 사기를 유지하도록 전력을 기울였다. 쉽지 않은 상황에서 그 점을 완벽하게 수행한 것만 봐도 그가 비범한 지휘자임을 알 수 있다.

강뉴부대 4진 장병 전원은 더 이상의 침략으로부터 한국을 지켜내야겠다는 강한 사명감을 갖고 자원하여 조국 에티오피아를 떠나 한국에 왔다. 그리고 그렇게 자원하게 된 근본 동기는 유엔의 이상을 지켜 한국의 자유를 지키고 궁극적으로 세계 평화를 지키겠다는 것이었다.

무루게타 장군의 재가를 받아 황실근위대 훈련부장 멩기스투 대령의 지휘로 강뉴부대 4진은 1954년 초부터 강도 높게 훈련받았다. 한국전쟁에서 위용을 떨쳤던 강뉴부대 1, 2진 장병들이 훈련교관으로 참여해 현대적이고도 한국전에 알맞은 훈련을 실시했다.

훈련은 다음 5개 분야에 집중하여 실시되었다.

1. 방어
2. 공격
3. 정찰
4. 지연방어
5. 제 무기 숙달 및 사격

야간 훈련도 실시하여 야간 정찰, 백병전을 승리로 이끌 총검술과 체력훈련에도 만전을 기했다. 황실근위대 전 장병이 대규모 시가행진을 했고 하일레 셀라시에 황제 임석하에 모든 훈련을 마친 강뉴부대 4진은 그들의 무예와 전투 프로그램 시범을 선보였다. 셀라시에 황제는 강뉴부대의 닦은 기량과 높은 감투정신에 만족을 표하고 그 노고를 치하했다.

카사예 월데 기오르기스(Kassaye Wolde Giorgis) 소령

강뉴부대 4진의 부대장 보좌관인 기오르기스 소령은 1922년 아디스 아바바에서 태어났다. 초등학교를 마친 기오르기스는 프랑스계 고등학교를 졸업하고 1935년부터 1943년까지 에티오-프랑스 철도회사의 전화기사로 근무했다. 그는 1943년 황실근위대에 입대하여 1945년 중위로 임명 되었다. 그는 바로 대위로 승진된 후 1951년에 소령으로 승진하여 황실근위대 제1대대 보좌관으 로 근무하였다. 그는 성실하게 근무하여 에티오피아 은성무공훈장을 수여 받았다. 그는 곧은 성정과 바른 인품 때문에 주위 사람들로부터 항상 칭송을 받았다. 1954년 초 그는 강뉴부대 4진의 보좌관으로 임명되었다.

1954년 7월 10일 임무교대식에서 강뉴부대 3진 부대장 요하니스 중령으로부터 부대기를 전달 받는 강뉴부대 4진 부대장 합테마리암 중령

강뉴부대 4진 간부들과 부대장 합테마리암 중령과 보좌관 카사예 기오르기스 소령(뒷줄 가운데)

훈련 계획을 상의하고 있는 합테마리암 중령, 요하니스 대위 테페라 대위

병참 문제를 상의하고 있는 보좌관 카사예 기오르기스 소령과 제웨데 대위

마침내 한국 내 강뉴부대 3진을 대체하라는 명령이 강뉴부대 4진에 하달되자 모든 출전 준비가 완료되었다. 모든 전투장비의 점검이 완료되었고 장병들의 신체검사도 실시하여 모두가 해외 파병에 적합하다는 판정도 받았다.

1954년 6월 8일 강뉴부대 4진은 아디스아바바 중심에 있는 황궁으로 행진해 그곳에서 황후와 황태자의 연설을 들었다. 황제는 국내에 없었다. 아디스아바바에서 강뉴부대 4진 출정식이 벌어지는 그 시간에 황제는 미국에서 시민법 명예 박사학위를 받고 있었다.

박사학위 수여식에서 미시간대학 부총장 니에후스(Marvin L. Niehuss) 박사는 셀라시에 황제에 대한 세계인의 존경과 신뢰에 대해 연설했다. 그는 에티오피아의 극동 한국에서 활약상을 언급하며 황제와 에티오피아 국민에 대한 아시아인의 존경과 감사의 마음이 지대하다고 강조했다. 현재 한국에 주둔하고 있는 강뉴부대 4진에 대한 그의 언급을 이곳에 한 구절 소개한다.

"한국의 독립을 지키기 위한 전쟁에서 에티오피아가 한국을 크게 도와준 것에 대해 한국인이 얼마나 고마워하고 있는지를 에티오피아 황제와 국민에게 전해달라고 한국에 있을 때 수없이 요청받았다. 에티오피아와 같이 작은 나라가 집단안보를 위해 그렇게 효율적이고도 강력하게 공헌한 점은 단순히 에티오피아 강뉴부대가 한국 평화에 기여한 차원을 넘어 모든 유엔군에게 귀감이 되고 있다고 평가받고 있다."

한국 국민이 그처럼 고마워하고 있는 것을 볼 때 실제 전투에 임하는 것 못지않게 강뉴부대 4진이 전투태세를 갖추고 평화의 지킴이로서 전선을 지키는 것은 자유 진영의 모범이 되고 있다고 평가할 만하다. 강뉴부대 4진이 에티오피아를 떠나 한국으로 가기 일주일 전에 셀라시에 황제는 미국 상하의원 합동회의에서 세계 평화를 위한 집단안보 정책을 에티오피아는 언제 어디서나 기꺼이 견지하겠노라고 천명했다. 황제는 강뉴부대 4진의 한국 파병에 앞서 철저한 준비와 훈련을 마쳤다는 보고를 받고 크게 기뻐했다. 상하의원 합동회의 연설에 앞선 워싱턴 합동 기자회견에서 황제는 견해를 다음과 같이 밝혔다.

"우리가 국제사회로부터 도움을 받지 못하던 시절에도 그리고 그 이후 지금까지도 내내 나의 군에 대한 신뢰는 확고하고 흔들림이 없었습니다. 또한 오늘날 우리 군이 세계 평화를 위한 집단안보를 위하여 한국에서 미국 장병들과 함께 싸우고 있는 것을 보며 나는 감개무량함을 금하지 못하고 있습니다."

1954년 6월 10일 강뉴부대 4진은 특별 군용열차편으로 아디스아바바를 출발해 지부티에 도착했으며, 그곳에서 프랑스군과 시민들의 열렬한 환영을 받았다. 그들은 '브래취포드 장군'호를 타고 환송 인파를 뒤에 남기고 머나먼 한국을 향해 파도를 가르며 나아갔다.

21일 동안의 항해 기간 내내 강뉴 용사들은 선상에서 대공훈련을 착실히 받으며, 승무원들을 도와 배 수리에도 긴밀히 협조했다. 한국전쟁 기간 동안 쉴 새 없이 병력을 실어 날랐던 브래취포드 장군호는 수리가 필요했다. 강뉴 용사들은 전원이 배 수리에 기꺼이 동참했으며 선장은 그들의 지원에 진정으로 고마워했다.

6월 30일 브래취포드 장군호는 한국의 서해안에 위치한 인천항에 도착했다. 4진이 배에서 내리기 전 미 32연대장 머레이(Roy A. Murray) 대령, 비행기로 먼저 도착해 있던 강뉴부대 4진의 부대장 합테마리암 중령, 3진 부대장 요하니스 중령이 브래취포드 장군호에 올라 강뉴부대 4진을 환영했다.

강뉴부대 4진은 정오에 배에서 내려 군용열차를 타고 임시 숙소인 용촌으로 이동, 미군 군악대가 에티오피아, 미국과 한국의 국가가 연주하는 가운데 미 7사단장 세브리(Edmund B. Sebree) 장군의 환영을 받았다. 강뉴부대 4진은 다시 트럭에 나눠 타고 오후 늦게 그들의 야영지에 도착해 합테마리암 중령은 간단한 의식 후에 에티오피아 국기를 사령부에 게양했다. 이들을 환영해 미국 적십자사는 다과를 베풀었다.

강뉴부대 4진을 위한 공식 환영식에서 세브리 사단장은 강뉴 4진이 강뉴 전 부대가 이룬 전통을 이어 받아 유엔군에 크게 기여하기를 바란다고 피력했다. 합테마리암 중령은 강뉴부대 4진이 미 7사단 32연대에 배속됨을 자랑스럽게 생각하며 최선을 다해 강뉴부대 선배가 이룩한 명성을 더욱 빛나게 할 것이라는 다짐을 밝혔다. 환영식 후 강뉴부대 4진은 무기와 전투 장비를 지급 받고 한국 상황과 전선 지형에 익숙하도록 교육을 받았다.

7월 1일부터 10일까지 그들은 에티오피아에서 이미 받은 훈련과 유사한 훈련을 다시 실시하였다. 그들은 강뉴부대 3진과 합동으로 소대 공격, 중대 공격과 방어 훈련을 실시했다. 그들은 한국 지형을 익히고 독도법을 익혀 강도 높은 훈련을 실시하여 만반의 준비를 마쳤다.

7월 10일 마침내 강뉴부대 4진은 엄숙한 임무교대식을 갖고 부대기를 전해 받은 다음 3진에 대체해 한국 전선의 일부를 지키기 시작하였다. 그들의 관할 구역은 강뉴부대 3진이 치열한 전투 끝에 장악한 용촌과 갈

마동 전선이었다. 임무교대식에서 합테마리암 중령은 부대를 대표하여 다음과 같이 각오를 밝혔다.

"우리는 자랑스러운 우리 부대기를 우리의 후배들에게 넘겨주기를 바랍니다. 천지신명께 맹세하건대 한국에 항구적인 평화를 정착시킨 뒤 이 기를 우리의 사랑하는 조국 에티오피아에 바칠 것입니다."

열병식에 이어진 분열에서 이 지역의 방위 임무를 받은 강뉴 4진 용사들은 미 1군단장 브라이언(B. M. Bryan) 중장, 7사단장과 한국군과 유엔군 장성들이 자리 잡은 사열대를 위풍당당하게 행진했다.

휴전이 되어 적과 직접적인 전투는 없었음에도 불구하고 철통같은 경계태세를 갖추고 전투가 발발할 경우 선배 강뉴 용사들 못지않게 용감하게 싸워 격퇴할 준비가 되어 있었다. 강뉴부대는 95일 동안 철원 지역 경계근무를 마친 다음 미 8군 근무수칙에 따라 한국군에게 임무를 인계하고 후방인 포천 부근에 배치되어서도 각종 훈련을 게을리 하지 않았다. 그들은 1954년 11월부터 후에 캠프 호베이(Camp Hovey)로 알려진 진지를 구축하는 작업을 성공리에 수행했다.

휴전 기간 동안 미 1군단은 하사관 자질을 개발하고 각국 유엔군의 훈련을 조종하기 위하여 단기 유엔하사관학교를 운영했다. 강뉴부대는 이 학교에 매기마다 10명 이상을 교육시켜 1954년에 25명의 졸업생을 배출했다.

합테마리암 중령은 장병들의 체력을 향상시켜 천하무적이라는 평판을 이어나가기 위하여 군사훈련은 물론 각종 체육활동을 강화했다. 그들의 강도 높은 훈련에 모든 유엔군들은 경탄해 마지않았다. 강뉴부대 4진의 사기와 군기는 타의 추종을 불허했다.

그 결과 강뉴 용사들은 수영, 축구, 배구, 농구 등 모든 스포츠에 능했다. 스포츠의 생활화는 체력 증진을 가져왔을 뿐만 아니라 부대원의 단합과 사기 진작에도 크게 기여했다. 명절 등을 맞이할 때는 전 장병이 에티오피아 고유의 춤이나 현대 춤으로 향수를 달랬다. 셀라시에 황제 즉위 기념일에는 1896년 에티오피아-이탈리아 전쟁을 테마로 한 연극이 최고의 인기를 차지했다. 그 연극에서 게브레 메스켈(Tarekegne gebremeskel) 대위가 메네리크 2세 황제, 씨메네(Kebede Simegne) 중위가 타이투 황후, 렌쵸(Hailemariam Lencho) 대위가 마코넨(Ras Makonen) 장군, 월데게브리엘(Mengistu Woldegebriel) 소위가 발차(Dedjache Balcha) 장군 역을 각각 맡아 열연했다. 저마다의 호연으로 연극은 성공적이었으며 독립을 지키기 위한 그 당시의 지도자들과 병사들의 지략과 용기가 잘 나타나 있었다.

강뉴부대 4진에 대한 또 하나의 특기할 만한 일은 서울에 있는 고아원 2곳을 맡아 정기적으로 지원한 점이다. 그들은 여러 인도적 지원 중에서도 전쟁고아가 많은 보화고아원을 특별히 돌봤다. 군무의 바쁜 일정 중에도 강뉴 장병들은 수시로 보화고아원을 찾아 어린이들과 함께 시간을 보냈다. 전 장병이 식사를 줄여 모은 음식물을 모아 가져갔음은 물론이다. 또한 정기적으로 옷가지와 돈을 모금해 고아원에 기탁했다. 물질적 도움뿐만 아니라 1954년 크리스마스에는 어린이들과 어울려 연극, 합창 등을 함께해 전쟁으로 피폐해진 어린이들의 마음을 밝게 했다.

보화고아원 원장은 강뉴 부대장에게 "한국인의 마음을 보듬어 영원히 기억하게 될 것"이라고 편지를 보내왔다.

강뉴 용사들을 한국인이 오래 기억하는 데에는 여러 가지 이유가 있다. 강뉴부대 4진의 인도적 활동은 영웅적인 전투와 더불어 한국인에게 뿐만 아니라 전 세계 자유를 사랑하는 사람들에게 항상 강한 인상을 남기고 주한 여러 유엔군 가운데 가장 우수한 부대로 평가받고 있다. 그들은 유엔군의 일원으로 참여한 책임성과 한국의 독립을 지켜야한다는 사명의 막중함을 통감했던 것이다. 그럼으로써 자유세계의 방벽으로 사명을 다하겠다는 강뉴부대 4진의 의지는 흔들림이 없었다.

에티오피아 전사들은 집단안보 선창자인 셀라시에 황제의 믿음을 행동으로 뒷받침하였다. 황제는 "집단안보주의는 큰 나라보다는 작은 나라에서 더 강력하게 지지하고 있다. 왜냐하면, 작은 나라는 집단안보가 행해지지 않으면 잃을 것이 많기 때문이다"라고 말한 적이 있다. 에티오피아 국민들은 집단안보로 얻을 것이 많다는 것을 알고 있을 뿐만 아니라 그에 대한 신성한 책무를 동시에 느끼고 있다. 자유세계의 집단안보에 대한 의지를 확인했기 때문에 에티오피아 국민 이 자원해 유엔군의 일원으로 한국전쟁에 참전한 것은 당연한 일이다.

1954년 6월 한국에 도착한 강뉴부대 4진의 병사가 캠프에 에티오피아 국기를 게양하고 있다.

강뉴부대 4진 도착을 환영하는 미 7사단장 세브리 장군

한국 지형을 연구하는 합테마리암 중령, 테쇼메 대위, 렌쵸 대위, 왈데텐스예 대위, 파우로스 대

소대장들에게 방어 시스템을 설명하는 베르하네 데스타 대위

하사관과정 수료증을 월데예스 병장에게 수여하는 미 8군단장 테일러 장군

포천에서 여가 시간에 배구를 즐기는 강뉴부대 장병들

1954년 9월 11일 애티오피아 신년을 축하하는 강뉴부대 4진의 에티오피아 정교 목사

보화고아원을 방문해 음식을 기증한 강뉴부대 용사들

한국에서 에티오피아 신년을 기념하여 식수한 강뉴부대 장병들

서울시 운동장에서 열린 유엔 적십자사 바자회에서 공연 중인 에티오피아 병사들

1954년 전선을 시찰하여 강뉴부대장으로부터 보고를 받고 있는 유엔극동사령부 사령관 보좌관 트루도 소장

1954년 10월 강뉴부대를 점검하는 히르쉬 소장

1954년 11월 2일 셀라시에 황제 탄신일 축하 사열에서의 의장대

셀라시에 황제 탄신일 축하식에서 21발의 예포를 발사하는 미 7사단 48포병대대

셀라시에 황제 즉위 기념식장에서 축사하고 읽고 있는 합테마리암 중령

강뉴 부대장 합테마리암의 축사

여러분이 다 아시다시피 우리는 오늘 하일레 셀라시에 황제 폐하의 즉위 24주년을 축하하기 위하여 이 자리에 모였습니다.

황제 폐하께서 등극하셔서 우리 에티오피아를 문화국 반열로 발전시키셨기 때문에 우리 국민은 어느 국경일보다도 이날을 경축하고 있습니다.

에티오피아 번영과 발전을 위해 헌신하시면서도 우리의 존경하옵는 황제 폐하께서는 평소의 신념인 세계 평화를 위한 집단안보 정신에 따라 불의한 침략을 받은 한국에 유엔군의 일원으로 우리 강뉴부대를 파병하셨습니다. 지금 한국에 파병 중인 우리 강뉴부대 4진 전 장병은 1951년 출정사에서 황제께서 천명하신 집단안보 정신에 의거해 한국을 어떠한 위험에서도 지킬 준비가 되어 있습니다.

우리 강뉴부대 선배들은 압도적인 수의 적의 공격을 다 물리치고 투철한 사명감과 군인정신으로 혁혁한 전공을 세워 그 이름을 세계에 떨치고 에티오피아의 명예를 드높였습니다.

한국전쟁의 휴전이 성립되고 한반도에 평화의 기운이 돌고 있지만 우리 강뉴부대 4진 전 장병은 황제 폐하의 훈시와 선배들의 전통을 이어받아 정의롭고 용맹한 나라 에티오피아의 명예를 계속 이어나갈 신념에 가득 차 있습니다. 선배들이 피 흘려 쌓은 명예를 지키는 것은 신성하고도 막중한 우리의 의무입니다.

이 자리를 빌려 본인은 강뉴부대에게 모든 협조를 아끼지 않은 미 7사단과 32연대에 감사의 말씀을 전합니다.

한국 전선에서 황제 폐하의 24주년 즉위 축하식을 갖게 해주신 하나님께 감사드립니다. 또한 신의 가호와 인간의 기본권을 지키고자 목숨 바쳐 노력한 유엔군의 도움으로 한국이 점점 평화가 정착되고 있음을 기뻐합니다. 또한 우리에게 이 신성한 집단안보 이상을 구현하도록 사명을 주신 우리의 황제 폐하께서 부디 오래도록 우리를 이끌어주실 것을 간곡히 기원합니다.

황제 폐하 즉위를 축하해주시기 위해 이 자리를 찾아주신 유엔군 고위 관계자와 한국 측 인사들에게 다시 한번 사의를 표합니다.

하일레 셀라시에 황제 폐하 만세!

메넨 황후마마 만세!

황실 만세!

유엔군 만세!

황제를 위한 예배를 드리는 강뉴부대 장병들

황제 즉위 축하식에 참석한 아스파우 합테마리암 중령과 32연대장 머레이 대령

본부중대장 케테마 멜카 대위

본부중대 1소대 시레쉬 중위, 몰라 중위, 셀라시에 소위와 병사들

게브레 메스켈 대위
장훈장교 타레케네 게브레메스켈 대위가 보도 자료를 작성하고
있다. 유엔군, 한국군 등에게 강뉴부대의 활동상을 알리고 외부
소식을 강뉴부대원에게 알리는데 게브레메스켈 대위는 전력을
기울였다.

본부중대 통신소대 하이루 하예레이스 중위, 아얄루 보가레 소위와 병사들

1중대장 게란 우르게사 대위

1중대 1소대 카사 마코넨 소위와 병사들

1중대 2소대 기르마 아레마예후 소위, 아스라트 비루 소위와 병사들

1중대 3소대 아스파으 데메사 소위와 병사들

회의하고 있는 장교들. 보가레 소위, 알레무 중위, 렌쵸 대위, 아엘레 중위, 테게네 소위

2중대 3소대장 솔로몬 벨레테 소위와 병사들

3중대장 레마 게브레 사딕 대위

3중대 1소대장 멩기스투 월데가브리엘 소위와 병사들

3중대 2소대장 타데쎄 체르네트 소위와 병사들

3중대 3소대 쯔가예 원데마가네후 소위, 테페라 니구세 소위와 병사들

강뉴부대 제5진

1955. 7. 9 ~

"······ 나는 에티오피아 황실근위대 젊은 장교들이 한국전쟁에서 보여준 용기와 책임감 그리고 그것에서 자연적으로 생겨난 실제 전투에서의 부대 장악력 이상을 나의 지휘관들에게 요구할 수 없다."

미국 육군 제7사단장
소장 아서 트루도

대위 요하네스 메스켈(Yohannes Mesker)

제5대 주한 에티오피아 유엔군 강뉴 부대장으로 요하네스 메스켈 대위가 임명되었다. 이것은 그의 뛰어난 자질과 황실근위대장과 참모들의 그에 대한 전폭적인 신뢰 때문이었다. 요하네스 대위는 젊고 야망에 찬 촉망받는 장교로서 장래 에티오피아군을 이끌 뿐만 아니라 자유 진영에도 크게 공헌할 인물로 기대된다.

　1926년 5월 12일 고잠주 데레베에서 태어난 요하네스 대위는 테페리 마코넨 고등학교에서 영어와 프랑스어를 배웠다. 1948년 9월 황실근위대 사관학교를 차석으로 졸업, 소위로 임관하면서 황제 친필 서명이 있는 셀라시에 황제 사진을 수여 받았다.

요하네스는 소대장, 중대장, 황실근위대 G-3 보좌관 등 다양한 임무를 맡으면서 1951년 2월에 중위로 승진했다. 그해 4월 그는 전격적으로 대위로 승진하면서 주한 에티오피아 유엔군인 강뉴부대 1진 부대장의 보좌관으로 발탁되었다. 그는 부대장 보좌관으로서 탁월한 자질을 발휘해 강뉴부대 1진 모든 장교들의 화합을 이끌어내고 업무를 잘 조정하여 결과적으로 강뉴부대 1진 용사들의 모든 작전이 성공하는 데 지대한 공헌을 했다.

1952년 7월 귀국해 다시 황실근위대 G-3 보좌관으로 1953년 4월까지 근무한 후 미국 조지아주 포트 베닝에 있는 참모학교 고급군사과정에 유학했다. 그는 그곳에서 군사학을 우수한 성적으로 수료한 후 1954년 1월 귀국하여 황실근위대 기획과장으로 근무했다.

그의 야전과 참모 경력, 상하 동료들로부터 받는 두터운 신임, 투철한 책임감, 정확한 판단력과 통찰력을 두루 평가하여 무루게타 장군은 그를 강뉴부대 5진 부대장으로 1955년 2월 임명하였다. 요하네스 대위는 뛰어난 업무 능력이 인정되어 에티오피아 성좌 훈장을 수여받았다.

강뉴 5진 부대장 보좌관 겸 보급관인 원드무 바예(Wondmu Baye) 중위는 1931년 5월 아디스 아바바에서 태어났다. 테페리 마코넨 고등학교에서 영어를 공부하고 아디스아바바에 있는 황제공업전문학교를 우등으로 졸업한 뒤 용접설비기사로 일하기도 했다.

1948년 황실근위대 사관학교에 입학해 3년 동안 군사학 전반을 우수한 성적으로 마치고 1951년 소위로 임관하면서 황제 친필 사진을 수여받았다.

원드무 바예 중위

　1951년 강뉴부대 1진으로 한국에 파병되어 1중대 기관총 책임자로 직책을 훌륭히 수행했다. 1954년 5월 중위로 승진했고 1955년 6월 강뉴부대 5진 부대장 보좌관 겸 보급관으로 한국에 다시 파견되었다.

　부지런하고 성실하게 맡은 업무에 매진하는 원드무 바예 중위는 상하 동료들로부터 두터운 신임을 받고 있으며, 뛰어난 전공으로 하일레 셀라시에 1세 무공훈장을 받았다.

　강뉴부대 2진, 3중대 3소대장으로 한국 근무 경력이 있는 바예 틸라훈(Baye Tilahoun) 중위는 강뉴부대 5진 훈련관으로 한국에 다시 파견되었다. 1952년 3월부터 1953년 4월까지 소대장으로 근무하면서 그는 자신의 안전을 돌보지 않고 선두에서 지휘하며 뛰어난 작전과 총검술로 모든 전투를 승리로 이끌었다. 그는 현재 강뉴부대 5진 훈련관으로서 그의 실

바예 틸라훈 중위

전 경험과 이론을 십분 활용해 강뉴부대 5진의 작전을 기획, 수행, 감독
하는 업무를 성공적으로 수행하고 있다.

데르베 데스타(Derbe Desta) 소위와 소대원들

제 21 장

평화 지킴이

1955년 2월 한국에서 강뉴부대 4진의 임무가 종료될 즈음 에티오피아의 황실근위대 수뇌부에 서는 이를 대체할 강뉴부대 5진의 창설에 착수했다. 지금까지 강뉴부대의 한국 주둔은 성공적이었기 때문에 이의 전통을 이어가고 황제근위대를 대표하는 새로운 부대를 창설하는 이 작업은 결코 쉬운 일이 아니었다. 한국에서 유엔의 집단안보 이상을 구현하는 자유세계의 방벽으로서 이미 강뉴부대 1진부터 4진까지 이룩한 빛나는 전통을 계승하고 에티오피아와 에티오피아군 그리고 황제를 대표할 강뉴부대 5진 창설은 의미 있는 일이었다.

한국에 파병할 강뉴부대 5진의 사명의 중요성을 잘 인식하고 있던 황실근위대장은 한국에서 휴전이 깨져 다시 전쟁이 발발할 경우 선배 강뉴부대의 명성을 더욱 빛나게 할 전투력을 보유한 부대로 구성되어야 한다고 판단했다. 어떠한 경우이든 강뉴부대 5진은 에티오피아군에서 선발된 에티오피아를 대표할 부대인 것이다.

강뉴부대 5진 창설에 직접적 책임이 있는 황실근위대 수뇌부는 최신 현대무기에 조예가 깊고 실전 경험이 있는 장병 선발의 기준을 정하고 그에 부합되는 인물로 요하네스 메스켈 대위를 강뉴부대장으로 자신 있게 선발했다.

요하네스 대위를 부대장으로 선발한 것은 과히 현명한 일이었다. 그가 강뉴 1진 부대장의 보좌관으로 1951년 한국에 근무하는 동안 그의 활약은 대단했다. 게다가 미국 참모학교에서 현대무기를 공부한 경력이 있어 그는 누구보다도 현대무기에 대하여 잘 알고 있었다. 실전과 현대무기에 관한 경험을 두루 갖췄기 때문에 강뉴부대 4진을 대체할 5진 부대장으로 그를 선발하는 것에 대하여 황실근위대 수뇌부는 모두 의견을 같이했다.

마지막으로 한국 지형과 전투 상황에 맞는 특수훈련을 마치기 전에 강뉴부대 5진 전 장병은 황실근위대 전 장병이 지켜보고 있는 가운데 무술과 스포츠 시범을 보였다. 강뉴부대 5진의 뛰어난 기량에 근위대 전 장병은 우레와 같은 박수를 보냈다.

엄격한 심사에 의해서 선발된 강뉴부대 5진 장병은 강도 높은 훈련을 모두 마치고 마지막 건강검진에서 전원이 해외 근무에 이상이 없다는 판결을 받았다. 곧 황실근위대장으로 승진될 황실근위대 G-3 부대장 멩기스투 대령이 직접 부대원 한 명 한 명을 심사한 뒤 그들의 높은 사기와 투철한 군인정신을 치하했다.

1955년 초 여름 요하네스 대위의 지휘와 감독으로 훈련을 모두 소화한 강뉴부대 5진 전 장병은 모든 준비를 마치고 출동명령을 기다렸다. 출국에 앞서 강뉴부대 5진 전 장병은 황궁에 모여 셀라시에 황제의 연설을 듣고 전원이 영광스럽게도 황제와 만찬을 같이하고 출동했다.

강뉴부대 5진은 특별 군용열차편으로 아디스아바바를 떠나 지부티에 도착하여 에티오피아인과 지부티인의 열렬한 환송을 뒤로 하고 미국 수송선 하우제 장군호에 몸을 싣고 한국으로 출발했다.

그들은 선상에서 높은 파도로 힘든 것에도 굴하지 않고 지대공 훈련을 잘 마쳤다. 훈련 중 그들이 보여준 절도 있는 행동과 규범 그리고 높은 사기에 감동한 선장은 강뉴부대장에게 감사편지를 보내왔다.

1955년 6월 28일 오전 8시 인천항에 도착한 강뉴부대 5진을 4진 수뇌부와 한국군과 유엔군 고위 인사들이 하우제 장군호에 올라 환영했다. 5진 용사들이 배에서 내려 군용열차로 야영지인 캠프 호베이에 13시 15분에 도착, 4진 부대장 합테마리암 중령의 공식 환영을 받았다. 5진 부대장 요하네스 대위가 에티오피아 국기인 초록, 노랑, 빨강의 3색기를 게양했다. 숙소를 재정비한 후 강뉴부대 5진 부대원들에게 무기와 군장이 지급되었고 이어서 현재 전황, 한국 지형과 전술에 대한 브리핑이 4진에 의해 실시되었다.

1955년 7월 9일 오후 2시 30분 임무 교대식을 가진 강뉴부대 5진은 4진의 임무를 공식적으로 인계받았고 요하네스 대위는 합테마리암 중령으로부터 부대기와 지휘권을 넘겨받았다. 임무교대식을 주관한 미 7사단장 세브리 장군은 강뉴부대 선배들이 한국전쟁에서 이룩한 뛰어난 전공과 휴전 상황에서 이룩한 업적을 회상하면서 강뉴부대 5진의 성공을 확신한다고 치하했다. 합테마리암 중령으로부터 부대기와 지휘봉을 인계받은 요하네스 대위는 5진이 부여받은 사명의 중요성을 십분 알고 있다고 언급하면서 다음과 같이 다짐을 밝혔다. "오늘 우리에게 부여된 중차대한 임무를 신의 가호로 반드시 성취해 이 영광스러운 부대기를 우리의 후배에게 다시 넘겨주거나 한국에 항구적인 평화를 정착시킨 후 조국으로 영광스럽게 가져갈 것을 이 자리에서 다시 한번 다짐합니다."

1955년 7월 12일 강뉴부대 4진이 떠나고 '강뉴의 집'이라고 유엔군들이 정겹게 불렀던 캠프 호베이가 강뉴부대 5진의 보금자리가 되었다. 대대 규모로 지어진 캠프 호베이를 중대 규모로 줄이는 작업을 끝내자마자 곧 바로 한국 지형에 적응하는 훈련에 돌입했다. 5진도 선배 강뉴부대 용사와 마찬가지로 계속 미 7사단 32연대에 편입되었다.

　　강뉴부대가 한국전쟁에 참전해 포로로 잡히거나 실종된 자가 한 명도 없다는 전설 같은 사실을 전해들은 다른 나라 유엔군 고위 인사들이 강뉴부대 5진의 도착 소식을 듣고 캠프 호베이를 방문했다. 그들은 강뉴 용사들이 절도 있게 효율적으로 각자 맡은 업무를 처리하고 군사훈련에 임하는 높은 사기와 귀신같은 총검술 기량에 큰 감명을 받고 찬사를 아끼지 않았다. 강뉴부대 5진 용사들은 선배들이 닦아놓은 전통에 큰 자부심을 갖고 자기들도 선배들 못지않게 모든 도전을 이겨내겠다는 강철 같은 신념으로 하루하루를 보냈다.

　　미 8군이 운영하는 단기 하사관학교 및 사병학교에 강뉴부대 5진도 계속하여 교육생을 보냈으며, 다른 나라 교육생과 같이 교육을 받은 이들이 다른 나라 유엔군과 합동훈련이나 업무 조율시 큰 역할을 담당했다.

　　요하네스 대위는 부대 내에 6개의 영어반을 개설해 부대원들의 영어 실력을 배양하여 다른 유엔군과 합동작전에 언어적 어려움을 없게 했다. 부대 내에서 영어 실력이 출중한 장교를 교사로 선발해 주 5일 하루 2시간씩 6개월 과정으로 교육을 실시했다. 수료생들은 힘든 훈련 등으로 몸은 피곤해도 하나같이 열심히 참가해 전부 영어 소통에 문제가 없게 되었다. 요하네스 대위는 중간고사를 정기적으로 실시해 우수생에게는 상을 주며 다음과 같이 그들을 격려했다. "우리의 이 야간 영어교실을 '우리 인생의 황금기'라고 부르자. 공부란 인생을 설계하는 것이며 그로 인해 여러분 자신과 가족 그리고 조국의 발전에 기여하게 되는 것이다. 우리가 죽을 때 우리의 무덤까지 따라 오는 것은 교육밖에 없다."

강뉴 용사들은 여가시간을 활용, 고향에서 즐겨하던 축구, 배구, 농구, 송구, 수영, 사냥과 같은 스포츠 활동도 열심히 하여 체력을 단련했을 뿐만 아니라 부대원들 사이의 친선과 단결에도 일조했다. 또한, 고향에서 하던 대로 노래를 부르고 춤을 추며 정기적으로 음악회도 열었다.

또한 그들은 자선사업에도 활발히 참가하여 많은 한국 사람들의 심금을 울렸다. 자신의 나라를 공산 적도들로부터 지키기 위해 처절히 싸워 피폐해진 한국 국민을 돕는 것이 범세계적 책무라고 인식한 강뉴부대 용사들은 미 7사단이 주관하는 각종 인도적 사업에 적극적으로 참가 하였다. 그 중 하나가 보화고아원과 자매결연을 맺고 지속적으로 도운 것이다. 보화고아원에 무엇보다도 먹을 것이 턱없이 모자라다는 것을 안 요하네스 대위는 부대 내에서 식량을 모으고 돈을 모금하는 운동을 벌였다. 강뉴부대 전원은 자기들의 배식 중 일부를 식량을 모으기에 기꺼이 내놓는 등 모금 운동에 적극적으로 동참했다. 그들은 정기적으로 모은 식량과 돈을 보화원에 보냈으며 주말에는 장병들이 보화고아원을 직접 찾아가 어린이 막사를 지어주고 운동과 노래를 하며 전쟁고아들과 함께 즐거운 시간을 보내며 그들에게 꿈을 잃지 않도록 용기를 북돋워줬다. 강뉴 용사들의 헌신적 지원에 감사하여 조일권 고아원 원장은 요하네스 부대장에게 1955년 12월 20일 다음과 같은 편지를 보내왔다. "처절했던 전쟁 중에 부모를 잃은 우리 보화고아원생 일동은 강뉴 용사 아저씨들이 우리에게 베푼 큰 은덕을 마음속 깊이 그리고 영원히 기억할 것입니다."

강뉴부대 5진은 모든 면에서 강뉴 선배들이 이룩한 평판에 조금의 손색도 없이 더욱 활발히 활동했다. 강뉴부대가 세계 평화를 위한 집단안보라는 이상을 실현하기 위해 한국에서 피를 흘리며 희생한 것을 역사에 기록해 영원히 잊지 말아야 한다. 치열했던 한국전쟁 기간과 휴전 후 극도로 고조된 긴장 시기에 에티오피아 전사들은 자유와 인권을 지키려는 대의를 위하여 기꺼이 유엔군의 일원으로 참가해 맡은 사명을 성공적으로 수행했다.

에티오피아 전사들은 한국에서 세계 평화를 위해 그들의 목숨을 바쳐가며 싸운 셀라시에 황제가 선창한 집단안보라는 이상에 대하여 강한 자부심을 갖고 있다. 자유세계는 세계 평화를 침략자로부터 지키기 위한 유엔의 결의안에 부응해 한국에 군사를 파견한 에티오피아에 감사해야 한다. 세계의 초강대국들은 한국에서 유엔의 깃발 아래 함께 싸운 에티오피아와 여타 작은 나라들을 기억하여 만약 이 작은 나라들이 부당한 외세의 침략을 받는다면 즉각적으로 지원해야 한다.

1954년 7월 강뉴 5진 부대장 요하네스 대위에게 부대기를 넘겨주는 강뉴 4진 부대장 합테마리암 중령

강뉴부대장 요하네스 대위와 강뉴 5진 간부들. 뒤쪽 좌에서 우로 아브람 중위, 데살레 소위, 바예 중위, 아베베 소위, 아마레 중위, 요하네스 대위, 원드무 중위, 데르베 소위, 사힐레마리암 소위, 세브루 소위, 앞쪽 좌에서 우로 베케레 소위, 아바테 소위, 데베베 중위, 아레무 소위, 롤세게드 소위, 젤레케 중위

소대장들과 한국 지형을 정찰하는 요하네스 대위. 좌에서 우로 데르베 소위, 아바테 소위, 사힐레 마리암 소위, 요하네스 대위, 베케레 소위, 아레무 소위, 룰세게드 소위, 데살레네 소위

아레무 소대장과 본부 소대원들

집무중인 강뉴 5진 부대장 요하네스 대위

룰세게드 소대장과 57밀리 무반동 중기 소대원들

한국 에티오피아 캠프에서 성탄절 행사를 주관하는 아마레 군목

그리스 정교 문목사로부터 성탄절 케익을 선물받는 요하네스 부대장

요하네스 메스켈 부대장의 축하 연설문

존경하는 귀빈 여러분,

본인은 하일레 셀라시에 황제 폐하의 즉위 25주년을 축하해주기 위하여 찾아오신 귀빈 여러분께 강뉴부대를 대표해 심대한 감사를 표합니다.

황제 폐하께서는 25년 전 즉위한 때로부터 국민을 더없이 사랑하셨고 부강한 나라를 만들기 위하여 근대적 조치를 단행하여 에티오피아가 세계에 우뚝 솟게 했습니다. 황제 폐하께서는 에티오피아가 일찍이 국제연맹에 가입하여 세계 평화에 기여한 바 있습니다. 특히 1950년 공산적도의 침략을 받은 한국에 유엔군을 처음으로 파견하도록 선도적 역할을 하고 에티오피아 보병부대를 유엔군에 합류시킴으로써 큰 나라든 작은 나라든 평화롭게 공존해야 한다는 대 원칙을 몸소 실천한 바 있습니다. 황

셀라시에 황제 즉위 25주년 기념식에서 에티오피아군의 분열식을 지켜보고 있는 주요 인사. 첫줄 : 몬타그 군단장, 요하네스 대위, 카라웨이 사단장, 라이언 부사단장, 힐미 그라이 터키 여단장, 클라크 장군, 둘째줄 : 파파조이스 중령, 몬로 영국군 중령, 캠벨 중령

제 폐하의 영도력에 힘입어 에티오피아는 세계 평화를 위한 집단안보 정신에 따라 현재 이곳 한국에서 공산 침략군과 대치하고 있습니다. 에티오피아가 주창하는 집단안보 이상을 이제 세계 여러 나라가 공감하여 평화를 위협하는 침략자에 자유애호국이 공동으로 대처하게 되었습니다. 이 모두가 황제 폐하께서 세계 평화를 위하여 일찍이 부르짖은 집단안보 이상이 이제 실현된 것입니다.

평화를 위해 우리와 같이 한국에 온 미국과 여타 유엔군의 협조에 감사드립니다.

에티오피아를 대표하여 한국에 평화가 정착되고 통일의 날이 빨리 오기를 바랍니다.

하일레 셀라시에 황제 폐하 만세

메넨 황후 만세, 에티오피아 만세, 유엔 만세!!!

보화고아원 윤변균 부원장에게 성금을 전달하는 요하네스 부대장

1955년 9월 강뉴부대 소대 전투훈련을 참관한 유엔 사령부 히르쉬 소장

영어 과정 우수 수료자 테스파예 상병에게 상품을 수여하는 요하네스 대위

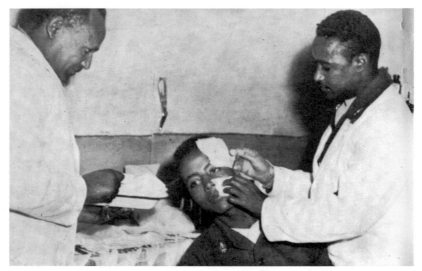

부상병에게 응급처치를 하는 아브람 중위

임살레 상사에게 상장을 수여하는 요하네스 부대장

제라케 베알레 상병에게 성 조지 메달을 달아주는 안다
르게 중령

우수한 정찰 활동으로 표창을 받은 강뉴부대 정찰대원들

243

도쿄 군병원에서 발레 바파 상병을 위문하는 스펠멘 추기경

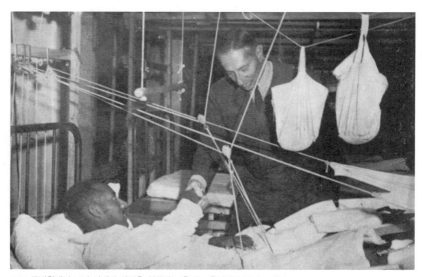

도쿄 군병원에서 로비 하베베 상병을 위문하는 융네군 총사령관 클라크 대장

미 7사단장 스미스 장군에게 포천학교 건립 성금을 전달하는 케베베 소령

알베르토 루이즈 콜롬비아 대령, 로버트 머피 미국대사, 안다르게 에티오피아 중령, 클리크 유엔총사령관, 스미스 사단장, 루벤 젠킨스 소장

1952년 6월 중공군과 교전하다 장렬히 산화한 아엘레 중사(우)

1952년 7월 중공군과 교전하다 전사한 틸라예 원디마게계후 중위

제 22 장

주유엔군 에티오피아 연락사무소

강뉴부대로 알려진 주한 유엔군 에티오피아 파병부대 외에 일본 도쿄에 위치한 유엔군사령부에 에티오피아 연락사무소가 있었다. 이 사무소의 임무는 도쿄에 있는 극동 유엔군사령부 총본부에서 강뉴부대를 대표하는 것이었다.

1대 연락사무소장은 탐라트(Tamrat Tessema) 대위이고 보좌관은 씨움(Sium Worknew) 대위였다. 그들은 한국에 강뉴부대 1진과 같이 도착해 잠시 그곳에서 근무 후 1951년 6월 도쿄에 도착했다. 강뉴부대가 성공하기 위해서는 이들의 역할이 필요했지만 처음에는 이들의 임무가 막연했다. 왜냐하면 유엔군사령부와 한국전쟁에 참전한 각국 부대 본부와의 역할에 대해 명시적으로 규정된 것이 없었고 또한 유엔군사령부에 파견된 각국 연락사무소의 업무가 어디에도 규정된 것이 없었기 때문이다. 각국 연락사무소도 마찬가지였지만 에티오피아 연락사무소도 초기 업무는 내부 문제에 치중했다.

에티오피아 연락사무소는 한국에 파병 중인 강뉴부대의 전투력 강화와 다른 나라 유엔군과의 협력 증진에 노력을 집중했다. 탐라트 소장과 씨움 보좌관이 헌신적으로 노력하여 미군 고위 장성이나 다른 나라 연락사무소 등 유엔군사령부 직원들로부터 존경을 받았다. 탐라트 대위는 다른 기구 직원들과도 유기적인 협조관계를 구축하여 결과적으로 에티오피아 연락사무소의 임무를 무리 없이 달성했다.

1951년 6월부터 1952년 11월까지 근무한 에티오피아 연락사무소장 탐라트 대위는 미국으로부터 동성무공훈장을 받았으며 그 공적은 다음과 같다.

"에티오피아 황실근위대 탐라트 대위는 1951년 6월 17일부터 1952년 11월 1일까지 1년 4개월여 동안 유엔군 극동사령부에서 에티오피아 연락사무소장으로 근무하면서 다음과 같은 공적을 남겼다. 그는 탁월한 전문지식과 책임감으로 유엔군의 일원인 강뉴부대가 한국에서 작전이 성공하도록 초기에 정착하는데 결정적 역할을 했다. 그는 또한 외교적 수완과 통찰력으로 다른 나라 연락사무소와 유기적 협조관계를 구축하였고, 유엔사령부에 훈련, 효과적인 전투 요건, 군의 사기 등에 관해 적절한 정보를 제공했으며 일선 지휘관에게는 사령부의 규정과 방침을 적절히 전달했다. 그는 규정과 전투부대의 실전 배치 등에 공적을 남겼다. 탐라트 대위의 작전 보고서는 유엔군 일원인 강뉴부대의 전투력 강화에 공헌했으며 그의 근무 자세는 모든 이에게 모범적이었다."

1952년 11월부터 1953년 5월까지는 씨움 대위가 연락사무소장으로 게타네(Getane Rebbi) 중위가 보좌관으로 근무했다. 씨움 대위도 미국 정부로부터 동성무공훈장을 받았다.

강뉴부대 출신인 이메루 대위와 게타훈 중위가 1953년 5월 연락사무소장과 각각 보좌관에 임명되었다. 이메루 대위는 1951년 7월부터 1년 동안 강뉴부대에서 근무했다. 한국에서 그의 첫 보직은 강뉴부대의 연락장교로 주로 미 32연대와의 협조 관계 업무를 담당했다. 3개월 후에 그는 강뉴부대 작전 및 훈련 참모로 이동하여 강뉴부대의 성공적인 임무수행에 크게 기여했다.

1952년 8월 무루게타 장군은 이메루 대위의 능력을 인정하여 강뉴부대 3진의 훈련을 담당하게 했다. 무루게타 장군의 전폭적인 신임으로 이메루 대위는 한국전쟁의 경험을 살려 강뉴부대 3진의 편성 및 교육에 결정적 역할을 했다. 그는 한국 지형에 맞고 공산군의 전술에 효과적으로 대항할 수 있는 특별 훈련을 도입해 강뉴부대 전투력 강화에 크게 기여했다.

1953년 3월 이메루 대위가 강뉴부대 3진 훈련 임무를 완수하자 무루게타 장군은 그를 유엔군 극동사령부 에티오피아 연락사무소장으로 임명했다. 연락사무소장으로 재임하는 동안 이메루 대위는 타고난 재질을 다시 한번 발휘해 유엔군과 강뉴부대가 임무를 완수할 수 있도록 지원 업무에 최선을 다했다. 건전한 판단력, 타고난 자질과 열정을 갖춘 이메루 대위가 장차 에티오피아군을 선도할 날이 반드시 올 것이다.

1954년 7월 메세솨(Assefa Meshesha) 대위가 유엔군 극동사령부 에티오피아 연락 사무소장으로 월데텐세이(Tesfaye Woldetensay) 소위가 보좌관으로 임명되었다. 메세솨 대위는 일찍이 강뉴 1진 4중대장으로 한국전쟁에 참전해 1951년 영웅적 전투로 동성훈장, 은성훈장을 받았다. 1951년 1073 고지와 심파령 전투에서 치열한 공방전 끝에 혁혁한 공을 세운 그의 중대는 '행운의 중대'라는 애칭을 얻었다. 왜냐하면 처절한 백병전

이었지만 아군의 피해는 거의 없고 적의 시체는 수없이 나뒹굴었기 때문
이다. 그와 같은 중대장을 둔 4중대는 정말 행운이었다.

1946년 황실근위대 사관학교에 들어간 메세솨 대위는 1948년 소위로
임관했다. 1951년 대위로 승진하고 한국에 파견되어 부대장 부보좌관, 4
중대장과 정보참모로 활약했다. 1952년 귀국해 황실근위대 전술담당 교
관으로 근무했다. 그의 화려한 군 경력과 타고난 친화력이 높이 평가되
어 연락사무소장으로 임명되었다.

솔로몬 카디르(Solomon Kadir) 대위

1955년 7월 솔로몬 카디르가 유엔군
에티오피아 연락사무소장, 테스파예
아세파 중위가 보좌관으로 각각 임명
되고, 틸라훈 데미세 중위, 데게네 고
사 상사, 타케레 하일레 상병이 직원으
로 임명되었다.

1929년 6월 에티오피아 일루바보
르에서 태어난 솔로몬 대위는 아디스
아바바의 타페리 마코넨 학교와 황실근위대 사관학교를 3등으로 1948년
에 졸업하고 사관학교에서 3년 동안 훈련교관으로 근무했다. 1952년 강
뉴부대 2진의 훈련관으로 한국에 파견된 후 정보장교, 작전장교 등 다양
한 경력을 쌓았다.

한국전쟁에서의 전공으로 그는 황제전투메달, 한국의 은성훈장, 유엔

셀라시에 황제 생일 축하연회에서 태국 무관 찬(Chan) 대령을 맞이하는 에티오피아 연락사무소장 탐라트 대위

미국 동성무공훈장을 받고 미국 유엔군 연락사무소장 프란스워스(Edward E. Fransworth) 대령의 축하를 받는 에티오피아 유엔군 연락사무소장 씨움 대위

미국 동성훈장을 받는 연락사무소장 이메르 윈디 대위

1954년 10월 24일 유엔의 날 기념식에 참석한 메세솨 대위(우에서 두 번째)

셀라시에 황제 즉위 기념식에 참석한 브리톤 제독, 한국 국방부 조 차관과 메라쿠 베케레 대위

셀라시에 황제 즉위 25주년 기념식에서 유엔 총사령관 렘니쩌(L. Lemnitzer) 대장에게 인사하는 솔로몬 카디르 대위

1956년 도쿄 펑싱 하이츠 기념관에서 열린 에티오피아 국경일 행사장에 참석한 유엔군 총사령관 렘니쩌 대장, 에티오피아 연락사무소장 아트나푸 대위, 유엔사령부 참모부장 트루도 소장, 《강뉴》 저자 키몬 스코르딜스

솔로몬 카디르 대위와 테스파예 아세파 소위에게 황제 즉위 25주년을 축하하는 트루도 장군 내외

의 전투메달을 받았고 귀국 후에는 에티오피아 성좌훈장을 받았다. 1953년 10월 황실근위대 G-3에 보임되어 근위대 훈련을 총괄했다.

1954년 영광스럽게도 그는 셀라시에 황제의 유럽 순방 때 수행원에 발탁되었다. 이때 네덜란드와 독일 정부로부터 훈장을 받았다. 귀국 후 그는 유엔군 극동사령부 에티오피아 연락사무소 장으로 임명되었다. 그는 연락사무소장으로서 에티오피아와 유엔군으로 한국전쟁에 참전한 동맹국과의 유대 강화에 전력을 기울였다. 한국에서의 실전 경험과 유엔군 극동사령부에서의 경력 등으로 보아 앞으로 에티오피아군의 지도자가 될 것으로 기대된다.

아트나프 마코넨(Atnafu Makonnen) 대위

1956년 3월 유엔군 극동사령부 에티오피아 연락사무소 소장에 마코넨 대위가 임명되었다. 그는 이 직책에 임명되기 직전인 1955년 7월부터 1956년 3월까지 서울 미8군 연락장교로 근무하며 에티오피아와 유엔군 참가국 사이의 유대 강화에 기여했다.

1927년 6월 23일 에티오피아 데브레 마르코스에서 태어난 마코넨 대위는 이탈리아와의 전투에 참가한 아버지의 영향을 받고 군문의 꿈을 키웠다. 1940년 15세의 나이로 마스핀 세라쉬 장군의 휘하에 들어가 이탈리아가 에티오피아에서 패퇴할 때까지 싸웠다. 그는 고레 하일레 셀라시에 중학교와 아디스아바바 타페리마코넨 고등학교를 거쳐 1948년 황실근위대 사관학교를 우등생으로 졸업했다. 그는 임관 후 황실근위대에서 훈련관, 소대장, 중대장을 역임한 후 1951년 강뉴 1진 인사장교로 한국에 처음 파견되었다. 한국에서 근무하는 동안 그는 해박한 군사 지식, 작전 능력과 통솔력으로 상하간 신망이 두터웠다. 귀국 후 3년 동안 황실근위대 G-3에 근무하면서 근위대 훈련과 후속 강뉴부대 편성 및 훈련을 담당했다.

그는 에티오피아 정부로부터 성좌훈장, 하일레 셀라시에 메달, 한국전 참가 메달을, 한국 정부 로부터 충무무공훈장을, 미국정부로부터 동성무공훈장을, 유엔으로부터 한국전 참가 메달을 각각 수여받았다. 마코넨 대위가 유엔군 극동사령부 에티오피아 연락사무소장으로 발탁된 것은 그에게 가장 영광된 일일 뿐만 아니라 에티오피아로서도 가장 적임자를 선정한 것으로 평가되고 있다.

강뉴부대의 에티오피아 간호장교

강뉴부대의 부상병 치료를 위해 헌신적으로 노력한 에티오피아 간호사를 간단하게나마 언급하지 않고 이 책을 끝마친다면 큰 불찰이 아닐 수 없다. 일본의 미군병원에서 치료받던 강뉴부대 부상 장병들에게 에티오피아 간호사의 간호는 절대적으로 중요했다. 에티오피아 간호사를 평가하는 데는 전문 의료적인 관점에서 뿐만 아니라 인간적, 문화적, 사회적 관점에서도 접근해야 한다.

먼저 낯선 병원 환경, 낯선 의사와 간호사에 둘러싸인 에티오피아 부상병을 상상해보라. 그들이 최상의 진료를 시행하고 싶다 해도 언어 장벽을 넘어설 수가 없다. 어디가 어떻게 아픈지 무엇을 원하는지 의사소통이 불가능했다. 에티오피아 간호사를 정확히 평가하기 위해서는 심한 중상을 당한 에티오피아 병사를 상상해 보아야 한다. 그는 한 치도 움직일 수도 없고 물 한 잔 달라고 할 수도 없다. 이러한 점을 고려해 본다면, 강뉴부대의 에티오피아 간호사들을 제대로 평가할 수 있을 것이다.

또 한 가지 특기할 것은 에티오피아 간호사들도 모두 자원하여 왔다는 것이다. 에티오피아 간호사들은 강뉴부대 부상병들을 자원하여 간호한 것이며 이 점 때문에 그들은 높이 평가받아 마땅하다. 이들은 모두 에티오피아 적십자 간호학교 출신이어서 에티오피아 적십자사는 이 점을 매우 자랑스럽게 여기고 있다.

결어

이 책을 쓰는 오늘 한국전쟁은 끝나지 않았다. 단지 적대행위만 그쳤을 뿐이다. 누구도 내일 무슨 일이 한국에서 일어날지 모른다. 아마 한국전쟁이 끝날 수도 아니면 다시 불붙을지 모른다. 여하한 경우든 강뉴부대는 다른 나라 유엔군과 함께 평화의 파수꾼으로 한국에 남아 있다. 한국전쟁이 다시 불붙는다면 한국의 평화를 지키기 위해 지난 3년처럼 다시싸울 것이다. 그래서 한반도에 평화가 정착될 때 강뉴부대는 인류를 위해 가장 숭고한 사명을 완수했다는 자부심을 갖고 위풍당당하게 조국 에티오피아로 돌아갈 것이다.

한국인의 자유를 지키기 위해 에티오피아를 떠나온 전사 중에서 적지 않은 용사는 조국 에티오피아에 돌아가지 못할 것이다. 그들은 가지 못하고 한국 산야에 남아 에티오피아 사람과 한국 사람 그리고 자유를 사랑하는 세계 사람들에게 세계 평화를 위한 집단안보의 이상을 실현하기 위해 우리는 이곳에 거룩한 피를 뿌렸노라고 증언할 것이다. 공산군들이 자유와 평화를 짓밟은 한국 땅에 자유와 평화의 나무로 한국 강산이 온통 푸르게 덮이도록 돌아가지 못한 자들이 순결한 젊은 피를 뿌렸다. 폭력과 증오에 대항하여 자유와 평화를 지키기 위하여 싸우다 한국전쟁에서 장렬히 산화한 에티오피아 전사자들은 자유와 평화의 상징으로 영원히 살 것이다. 살아남아 자유와 평화를 누리는 우리는 그들에게 무한 감사한 마음을 간직해야 한다.

자유를 사랑하는 이들이 언젠가 한국에 세울 기념탑에 반드시 이 영웅들의 이름을 새겨 그들의 희생정신을 영원히 후손에게 전해야 한다. 기원전 310년 테모피레스에서 산화한 300 스파르타 영웅들의 기념탑에 시모니디스(Simonidis)의 말이 새겨진 것처럼.

"이곳을 지나가는 행인이여, 내 조국에 들리거든 내 말 전해주시오! 우리는 조국이 우리에게 내린 명령을 다 이행하고 여기 기꺼이 묻혔다고……."

제3부

종장

"저항할 것인가 죽을 것인가, 선택은 그대의 몫!"

호머(Homer)

제 23 장

영원한 세계 평화를 위하여

에티오피아가 세계 평화와 안보를 지킬 의향과 능력이 있다는 것을 강뉴부대 전사들이 몸소 실천하고 보여주고 있다는 확고한 믿음과 그것을 세계에 알려야 하겠다는 사명감으로 이 책을 쓰기 시작했다. 이제 한국전쟁에서 그들의 전투 기록을 증언하면서 나는 한국에 온 이 영웅적인 강뉴부대 전사들이 에티오피아군의 오랜 역사에 빛나는 영광의 기록을 한 페이지 더 장식했다고 확신하게 되었다.

한국에서의 첫 전투부터 에티오피아 전사들은 그들의 조상과 황제와 조국의 기대에 부응했다. 그들은 두려워하지 않고 공격이든 방어든 마다하지 않았다. 그들은 기꺼이 그리고 온 힘으로 적과 맞섰고 항상 승리를 쟁취했다. 첫 전투부터 적은 그들에게 굴복했다. 그들의 노도와 같은 공격은 제우스가 올림포스산에서 내려치는 불벼락 같았고 그들의 귀신같은 총검술은 타이탄과 같아 만나는 적들은 혼비백산했고, 유엔군은 찬사를 보내마지 않았다. 1951년 9월, 1952년 10월과 1953년 5월에 있었던 강뉴부대의 빛나는 승리는 한국전쟁에서 적과 유엔군 모두에게 영원히 기억될 것이다. 강뉴부대 용사들은 한국에서 에티오피아군의 전투력을 유감없이 만방에 과시하였고 이것은 에티오피아 국민과 황제의 자랑이 아닐 수 없다. 강뉴부대 용사들은 한국전쟁에서 에티오피아의 영광을 빛나게 했다. 또한 그들에게 한국전쟁에 참전토록 한 성스러운 신념―첫째, 부당한 공격을 받은 나라를 지킨다. 둘째, 집단안보 정신으로 세계 평화를 지킨다. 셋째, 자유와 문명을 지킨다―을 지켰다. 세계 평화를 지키기 위해서 집단안보가 필요하다고 주창한 셀라시에 황제의 뜻을 한국에 파병된 강뉴부대 전사들은 그들의 젊고 뜨거운 피로써 실천했다.

국제평화는 어느 한 나라의 힘으로는 유지되지 않는다. 그것은 절대다수 국가가 뜻을 같이해야 한다. 아니면 최소한 자유를 사랑하는 국가만이라도 힘을 합쳐야 한다. 그리고 자유세계는 국제관계에 영향을 주는 결정과 행동에 신중해야 한다. 자유세계의 행동은 현재의 평화뿐만 아니라 미래의 평화에도 도움이 되는 행동이어야 한다.

이 책을 쓰고 있는 1954년 현재 유엔은 한국 문제를 아직 해결하지 못했다. 우리는 어떻게 해결될지 아직 확실히 모르고 또한 그 해결이 세계 평화에 도움이 되는 해결이 될지에 대해서도 확신할 수 없다. 아직 한국전쟁이 유엔에 의해서 확실히 해결이 되지 않았기 때문에 아직 최종적인 평가를 내릴 수는 없다. 그러나 우리는 그 해결이 현재와 미래의 세계 평화에 도움이 되는 방향으로 귀결되어야 한다고 희망하며 그렇게 되도록 노력해야 한다.

유엔의 결정 중 불행히도 자유세계가 여전히 세계 평화를 지키기 위한 확고한 의지와 준비가 되지 않았다는 사실을 기술하고자 한다. 아직도 많은 사람들에게 이탈리아령 소말리랜드로 알려진 '베나디르(Benadir)' 문제를 한 예로 말하겠다. 이 지역은 2차 세계대전 이전에 이탈리아 식민지였다. 종전 후에 유엔은 이 땅을 이탈리아의 신탁통치로 결정하였다. 유엔의 이 결정은 부당하고 에티오피아에게는 매우 위험스러운 것이다. 물론 이 결정에는 그렇게 함으로써 이탈리아를 달래어 자유진영의 일원으로 만들겠다는 정치적 목적이 있었다. 설령 유엔이 그런 목적으로 그런 결정을 내렸고 실제 그런 효과가 있다 할지라도 그 결정은 확실히 인류 정의에 위배된 것이다. 그래서 그 결정은 그 지역 평화는 물론 세계 평화에도 결코 도움이 되지 못한다.

이탈리아는 1889년에 베나디르를 점령했고 1945년 종전될 때까지 56년 동안 지배했다. 그러나 베나디르 역사는 1889년에 시작된 것이 아니고 기원전 3000년부터 에티오피아 제국의 영토였으며 지금도 그 주민은 에티오피아의 공식 언어인 암하라어를 사용하고 있다. 2차 세계대전 기간 중 독립을 요구하는 주민들의 거센 운동을 유엔은 간과하고 이탈리아 신탁통치 결정을 내렸다.

이탈리아가 베니디르를 통치함으로써 에티오피아는 천부의 권리를 빼앗겼다. 그것은 에티오피아의 '바다 접근권'을 앗아갔다. 그것은 에티오피아에게 심각한 경제적 타격이다. 에티오피아는 그로써 외부 세계와 직접적 교역을 할 수 없게 되었고 수출입 물품에 대하여 막대한 자금을 허비하게 되었다. 1944년에 에티오피아는 물품 통관세로 베나디르와 에리트레아에 6141만 9635달러를 지불했다. 모든 수출입품을 타국 항만을 사용해야 한다는 것은 막대한 외화 유출인 것이다. 그래서 에티오피아는 외국과의 교역이 크게 줄어 최소한으로 축소되었다.

평화로운 시기에는 해양 통로가 없다는 것은 에티오피아 경제에 있어서 큰 걸림돌이다. 지부티항을 통해 교역되는 모든 수출입품에 1.5퍼센트의 통관세가 부과되고 있다. 게다가 인도차이나은행은 모든 물품에

2.5퍼센트의 거래세를 부과하고 있다. 이탈리아령 소말리랜드를 통과하는 모든 물품에도 1.5퍼센트의 통관세가 부과되고 있다.

1935~1936년 에티오피아와 이탈리아의 전쟁 시 에티오피아는 모든 무기를 구입하면서 에리트레아의 조그만 항구인 베르베라(Berbera)항을 이용해야 했다. 그곳은 하역 교통로 등 인프라가 전혀 없어 작은 배로 하역하여 낙타로 무기를 운반해야 했다. 그 결과 무기가 너무 늦게 도착하여 사용할 수 없었다.

앞서 언급한 바와 같이 역사적, 정치적, 경제적으로도 부당한 유엔의 이탈리아의 베나디르 신탁통치 결정은 차치하더라도 다음 세 가지 사항을 고려해 볼 때 더욱 부당하다는 것을 알 수 있다.

1. 1889년부터 1935년까지 46년 동안 모든 이탈리아 정부는 에티오피아 정복을 계획했다.
2. 이탈리아의 에티오피아에 대한 침략전쟁의 모든 군사 준비는 에티오피아와 인접한 이탈리아 식민지에서 행해졌다.
3. 에티오피아와 이탈리아의 전쟁으로 에티오피아 국민에게는 이탈리아에 대한 경계심과 증오심이 생겼다. 특히 이탈리아군이 1936년 에티오피아 민간인에게까지 야만적이고 비인간적인 독가스 살포와 비행기 포격을 가한 이후에 그 증오심은 극에 달했다.

유엔이 이탈리아에 의한 베나디르 신탁통치 결정을 내릴 때 유엔 회원국들은 위 사실들을 생각하지 못했을까? 그리고 그 결정이 세계 평화와 안정에 도움이 될 것인가? 아니면 탄약고 바로 옆에 둔 횃불이 될 것인가? 그것은 역사가 증명할 것이다.

하일레 셀라시에 황제는 유엔에 보낸 서한에서 "유엔의 결정은 우리로 하여금 통곡하게 만든다"라고 지적했다. 황제는 계속해서 다음과 같이 그 이유를 설명한다.

"이탈리아 세력과 국경을 접한다는 것은 우리 국가안보에 위협을 초래하여 결과적으로 불행과 재앙을 가져오게 된다는 것은 과거를 살펴볼 때 자명한 일이다. 우리나라에 대한 이탈리아의 공격과 침략은 항상 인접한 이탈리아의 식민지에서 준비되었다. 또한 그들은 이권이나 회유로 인접한 부족 간에 사고나 분쟁을 조장하여 그 책임을 에티오피아로 떠넘기곤 했다. 그러한 사실은 에리트레아와 소말리랜드에서 증명되었다."

셀라시에 황제가 베나디르 문제에 대하여 분명하고 확실하게 제기했기 때문에 내가 여기에서 덧붙여 설명할 필요는 없다. 다만 이것만은 내가 언급하고 싶다. 유엔은 자유 진영과 공산 진영의 차이점을 대하듯이 자유 진영 간에 존재하는 문제점도 분명하게 인식하고 단호하게 조처해야 한다는 것이다. 자유를 사랑하는 국가끼리 유엔을 중심으로 서로 굳건히 단합해야 한다. 그래서 유엔이 제 역할을 충분히 발휘하여 국제연맹의 전철을 밟지 말아야 한다.

유엔은 에티오피아의 1935년도 예를 거울로 삼아 세계 평화를 유지하는 데 실수가 없어야 한다.

나는 이 책에서 에티오피아, 에리트레아, 베나디르와 집단안보에 관한 것을 사실에 근거하여 함께 다루었다. 나는 강뉴부대, 에티오피아 역사와 집단안보 문제 등이 서로 밀접하게 관련되어 있다고 믿는다. 사실 나는 그것들이 한 주제라고 생각한다. 그렇기 때문에 나는 서로가 근거가 되는 사건들을 연대순으로 기술했다. 그것은 결과적으로 한국전쟁에서 강뉴부대의 빛나는 활동으로 귀결되었다.

나의 이 책에서의 그러한 노력의 성공 여부는 독자의 판단에 달렸다. 독자에게 맡기겠다. 아무튼 나는 앞으로도 세계 평화를 지키는 데 가장 유효한 수단으로 집단안보의 중요성을 알리는 데 노력하겠다.

말만이 아니고 실제로 세계 평화에 기여하고자 하는 나라들은 에티오피아의 과거를 본보기로 삼아야 한다. 그리고 에티오피아가 집단안보 정신으로 한국전쟁에서 행동한 바와 같이 집단안보 정신으로 세계 평화를 지키는데 행동으로 나서야 한다. 국제연맹 회원국들이 집단안보 정신이 결여되었기 때문에 에티오피아가 1935년 독립을 잃어버린 역사적 사실을 잊어서는 안 된다.

에티오피아의 예를 본보기 삼아 자유세계는 뭉쳐 세계 평화를 집요하게 해치는 공산주의에 단호하게 대처해야 한다. 자유진영은 평화를 해치는 어떠한 세력에게도 단호하게 대처해야 한다. 그럴 때 집단안보만이 우리에게 세계 평화를 보장해준다.

부록

대한민국
이승만 대통령실

1953년 7월 27일

대한민국 대통령은 주한 에티오피아 파병부대인 강뉴부대가
1953년 5월 11월부터 7월 27일 사이의 기간 동안의
전투에서 보인 혁혁한 전공을 높이 치하합니다.

강뉴부대 3진은 한국에 침입한 공산침략군에 맞서 한국군과 다른 나라 유엔군과 유기적인 협조관계를 구축하였고 전투에 임하여 무서운 투혼을 보여 주었습니다. 강뉴부대는 막중한 정찰업무를 가장 모범적으로 수행하였고 모든 장병이 참 군인정신을 보여 주었습니다. 특히 5월 20일에는 공산적군의 대대적인 공격을 소총과 수류탄으로 무장한 소대 병력으로 우리 방어선의 전략적 요충지인 요케진지를 방어했습니다. 여러분의 불타는 충성심, 확고한 의지, 강철 같은 단결력, 깊은 책임감과 전문적 지식이 어우러져 전사에 빛날 승리를 가져왔습니다. 그날 여러분이 세운 빛나는 전공은 공산적도와 싸운 강뉴부대와 유엔군 모두의 자랑이며 에티오피아군의 오랜 전통에 또 하나의 역사를 기록한 것입니다.

이 표창장으로 1953년 5월 11일부터 7월 27일 사이의 전투에 참가한 강뉴부대의 전 장병에게 대통령 표창 리본을 부착할 자격을 수여합니다.

대한민국 대통령 이승만

OFFICE OF THE PRESIDENT
SYNGMAN RHEE
THE REPUBLIC OF KOREA

27 July 1953

The President of the Republic of Korea takes profound

pleasure in citing

THE KAGNEW BATTALION

ETHIOPIAN EXPEDITIONARY FORCES TO KOREA

for exceptionally meritorious service to

the Republic of Korea

during the period 11 May 1953 to 27 July 1953

The Third Kagnew Battalion exhibited extraordinary valor in combat and an unsurpassed excellence in coordination of the United Nations forces and the Republic of Korea army in the fight against the communist aggressors waged in Korea. The battalion was assigned the difficult mission of patrolling, which it performed in an examplary manner, displaying the bold and valiant spirit of all its officers and men. Especially on 20 May 1953 the Kagnew force defended outpost YOKE, a most important position securing the main line of resistance, against an almost overwhelming communist force with only a platoon with rifles and grenades. Steadfast devotion to duty, firm determination, esprit de corps, profound sense of responsibility, and professional knowledge displayed by each member of the Kagnew Battalion made a marked contribution to the success of military operations. The eminently meritorious accomplishments of the battalion are in keeping with the highest traditions of the military service and reflect great credit upon each member of the battalion and the United Nations Forces in the fight against communist aggression in Korea.

By this citation each member of the Kagnew Battalion, Ethiopian Expeditionary Forces who served in Korea during the period of 11 May 1953 to 27 July 1953, is entitled to wear the Presidential Unit Citation Ribbon.

SYNGMAN RHEE

President

the Republic of Korea

강뉴부대에 대한 황실근위대장의 축하문

강뉴부대 장병 여러분,

누구보다도 우리의 국가 원수이신 황제 폐하께서 우리 인류가 민족, 피부색 종교에 관계없이 서로서로의 기본권과 자유를 존중만 한다면 세계의 자유애호자들이 평화롭게 잘 살 수 있을 것이라고 확신하시고 이런 세상을 만들 비전을 품고 계셨습니다. 이런 신념과 비전으로 황제 폐하께서는 기회 있을 때마다 온 세계를 향해 이런 세상을 만들자고 주장하셨습니다. 실행만 되면 전쟁과 기아로부터 인류해방을 가져올 우리 황제 폐하의 그런 주장은 세계의 저명한 정치지도자들의 지지를 받았습니다. 그러나 불행히도 그때 세상은 집단안보라는 중요한 이상을 받아들이지 못하고 황제 폐하의 경고에 제대로 대책을 강구하지 못하였습니다. 세상은 황제 폐하의 이상을 의심하고 마음에 받아들이는 데 주저하여 힘으로 정의를 누르려 했고 국가들은 서로를 신뢰하여 악의 세력에 공동으로 대항하지 못하고 독자적인 준비를 했습니다. 그래서 결과적으로 세계는 대량살상과 파괴를 예방하지 못했습니다. 강한 힘을 가진 열강은 방어할 힘을 갖지 못한 약소국을 부당하게 공격했습니다.

많은 나라에 인명피해를 입히고 자유를 앗아가게 한 무모한 파괴와 잔혹한 2차 세계전쟁을 겪은 후에야 국제사회는 평화를 지키기 위해 국가들의 연합체로 유엔이란 기구를 만들었습니다. 그리고 우리의 위대한 영도자께서 그렇게 일찍부터 주창하셨던 이상이 실현되었습니다. 모든 나라의 자유와 독립은 존중되어야 한다고 믿는 세계의 평화를 사랑하는 나라들의 열망이 이제 유엔이라는 기구에서 구체적 형태를 갖추었습니다.

대한민국이라는 나라가 부당한 침략을 받고 처음으로 희망을 갖고 이 잘 조직된 국제기구에 의존하여 도움을 청할 수 있었습니다. 사실 신생국인 그 나라는 자기나라의 자유와 독립이 존중되어지기를 바랄뿐 자위적 조치를 강구할 아무런 힘이 없었고 이 국제기구에 호소할 뿐이었습니다.

침략자가 그 야욕을 이루기 전에 국제협력을 위한 국제기구인 유엔은 재빨리 행동을 결정했습니다. 이번에는 거리도 국경도 지원하는 데 걸림돌이 되지 않았습니다. 그리고 장병 여러분은 한국의 전장으로 출발했던 것입니다. 우리 에티오피아가 그렇게 늘 주창해오던 세계 평화를 담보하는 집단안보의 이상을 실현하려 여러분은 자랑스럽게 떠났던 것입니다.

낯설고 물설은 이역만리 땅으로 여러분은 다른 나라 유엔군과 어깨를 나란히 하고 침략자의 야욕을 박살내려 여러분을 부르는 그 전쟁터로 여러분은 평화를 지키겠다는 단호한 의지와 투혼으로 달려갔었습니다. 지금까지 여러분은 불의의 어떤 현대적인 포탄에도 굴하지 않았습니다. 여러분이 치켜세운 정의의 깃발 아래 진군하는 여러분을 어떤 적도 앞길을 막지 못했습니다.

여러분의 죽음을 두려워하지 않는 용기, 무서운 투혼, 백발백중의 사격술과 귀신같은 총검술 앞에 적은 혼비백산했습니다. 이제 여러분은 안도와 자부심으로 가슴 뿌듯할 것입니다. 여러분의 노력과 희생으로 한 나라의 독립과 문화를 지켜 낸 여러분의 이름은 청사에 길이 빛날 것이기 때문입니다.

전쟁터에서 보병의 역할이 가장 중요한 것을 아는 여러분은 정말 잘 싸웠으며 그래서 여러분은 가장 용감한 전사라는 말을 듣기에 부족함이 없습니다.

장병 여러분이 세운 빛나는 전공은 같이 싸운 유엔군의 찬탄의 대상이고 에티오피아군의 명예이며 여러분의 귀국을 애타게 기다리고 있는 우리 에티오피아 국민에게는 큰 자랑입니다.

여러분의 사령관인 본인은 여러분이 세운 전공을 날마다 새기고 있습니다. 그리고 그 전투를 승리로 이끌기 위해 여러분이 겪었을 어려움과 역경을 생각하며 '여러분 하나하나 모두가 진정한 영웅이다'라고 말씀드립니다. 여러분이 나의 장병이라는 것에 무한한 자부심을 갖습니다.

나는 다시 한번 유엔 사령부가 보낸 치하의 서한―여러분과 같은 목적으로 한국에서 함께 싸운 다른 나라 군대에게 보여준 협조와 단결심을 보여주고 있는 것은 물론 여러분의 승리를 모두가 인정하고 찬양하는 서한―을 읽으며 세계 최강 강뉴부대 장병여러분께 본인과 황실근위대의 축하의 말씀을 전합니다.

에티오피아 황실근위대장

무루게타 준장

유엔군 총사령부
사령관실

1952년 6월 18일

주한 에티오피아 파병부대

강뉴부대장

케베데 대령 귀하,

강뉴부대 장병 절반이 곧 떠나게 되면 1년 전에 한국에 온 귀 부대의 전원이 귀국하게 됨을 축하드립니다.

본인은 귀 부대가 한국에서 유엔군의 대의를 위하여 싸운 공로에 대하여 유엔사령부의 이름으로 축하의 말씀을 드립니다. 공산침략군과 맞선 싸움에서 귀 부대가 이룬 승리에 대하여 귀국 에티오피아는 마땅히 자랑스러워할 것입니다. 귀 부대가 이룬 승리와 치른 희생으로 유엔의 염원인 세계 평화가 이룩되리라고 본인은 확신합니다.

용감한 귀 부대를 본인의 휘하에 둔 것이 무한한 자랑스럽습니다. 유엔군 모두가 강뉴부대 장병 여러분 모두를 존경하며 찬양하고 있다는 것을 귀부대 장병 모두에게 전하여 주시기 바랍니다.

유엔군 총사령관 대장 마크 클라크

대한민국 국방부
장관실

1953년 11월 2일

본인은 하기인의 빼어난 전공을 기려 대통령령 2조에 의거하여 대한 민국 훈장을 아래와 같이 수여합니다.

훈격 : 을지무공훈장

피수여인 : 월데 요하니스 쉬타 중령

소속 : 주한 에티오피아 파병부대

상기인은 강뉴부대장으로서 뛰어난 판단력과 통솔력으로 공산침략 군을 격퇴하는데 크게 기여하였음. 특히 독산리 요케 전투에서 큰 공을 세웠음. 월데 중령의 감투정신과 탁월한 전투력은 그에게 뿐만 아니라 오랜 전통의 에티오피아군과 함께 싸운 유엔군의 영예임.

대한민국 국방장관 손원일

미국 육군부
워싱턴 DC

1952년 8월 6일

은성무공훈장 수여

대통령령에 의거 아래 명시된 날의 전공을 기려 하기인에게 수여함.

테페라(Tefera Waldetensye) 대위는 1951년 9월 21일 대한민국 산양리 전투에서 유엔군의 일원으로 참전한 주한 에티오피아 파병부대인 강뉴 부대 1중대장으로서 혁혁한 공을 세웠음. 602 고지를 공격해 퇴각명령이 있을 때까지 적을 무찌르라는 명령을 받고 적의 요새에서 날아오는 박격포와 기관총 중대의 선두에서 공격을 지휘하다 오른쪽 팔에 총상을 입었음. 그러나 후미로 물러나지 않고 3시간 동안 계속된 혈전을 진두지휘했음. 테페라 대위의 투혼에 사기가 충천한 중대원들은 퇴각명령이 내려질 때까지 무수한 적을 사살했음. 테레파 대위는 부대원 전원이 진지로 귀대 후에야 응급치료를 받았음. 테페라 대위의 탁월한 통솔력, 충성심과 책임감은 그의 명예이며 또한 그의 조국 에티오피아군의 명예임.

육군부 장관 명에 의하여

미국 합참의장 대장 코린스(J. Lawton Collins)

대한민국 국방부
장관실

1952년 12월 5일

본인은 하기인의 빼어난 전공을 기려 대통령령 2조에 의거하여 대한 민국 훈장을 아래와 같이 수여합니다.

훈격 : 화랑은성훈장

피수여인 : 아세파 게타훈(Aseffa Getahun) 소위

소속 : 주한 에티오피아 파병부대

아세파 게타훈 소위는 한국전에서 혁혁한 공을 세웠음. 특히 1952년 6월 13일 한국 하리동 전투에서 매복조장으로 공산군의 공격을 막으라 는 명을 받고, 불리한 여건에서도 뛰어난 전투력과 무서운 투혼으로 적을 물리쳐 유엔군의 전반적인 작전 성공에 크게 기여하였음. 게타훈 소위의 전공은 개인뿐 아니라 주한 에티오피아 파병부대의 큰 영예임.

대한민국 국방장관 신태영

대한민국 육군본부
참모총장실
서울 - 한국

1955년 11월 3일

수신 : 주한 에티오피아 유엔군 파병부대장 요하네스 대위

친애하는 요하네스 대위,

대한민국 육군을 대표해 본인은 하일레 셀라시에 황제 즉위 25주년을 맞이해 귀하와 귀부대의 장병 여러분께 심심한 축하의 말씀을 드립니다.

본인은 귀국이 한국에서 세계 평화를 위해 공헌한 것처럼 앞으로도 셀라시에 황제의 영도력으로 인류 공동번영을 위해 더 많은 일을 할 것이라고 믿습니다.

본인은 에티오피아 국민이 용맹한 에티오피아군의 철통같은 안보 확립 하에 평화부국을 이룩하기를 기원하며 그렇게 되리라 굳게 믿습니다.

귀하와 귀 부대의 무운을 기원합니다.

대한민국 육군참모총장 정일권

강뉴부대 한국 출정식
황제 하일레 셀라시에 1세 축사

(아디스아바바, 1951년 4월 12일)

사랑하는 나의 전사들이여,

그대들은 자유를 지키고 유엔의 평화에 대한 대원칙을 수호하기 위한 중차대한 사명을 받고 오늘 조국 에티오피아를 떠나 지구 반 바퀴를 돌아가는 장도에 섰도다.

이 자리에는 정부 고위관리와 외교사절이 여러분의 무운을 빌고자 모였으며 나는 그들 앞에서 그대들에게 부대기를 내리노라. 이 기를 앞세워 전장을 누벼라. 그리고 그대들의 영웅적인 군인 정신과 닦은 기량으로 큰 공을 세워 당당히 돌아와 그대들이 충성을 맹세한 짐에게 이 기를 반납하라.

그대들은 조국을 대표하여 자유와 평화 그리고 독립을 지키기 위하여 치열히 싸워 온 인류의 전통에 따라 이제 우방국들의 군대와 어깨를 나란히 하여 공산 침략군을 물리칠 역사적 사명을 띠었도다. 그대들 모두는 우리 선열들의 희생을 잘 알지니 최근까지도 그 투쟁이 얼마나 처절했던가? 우리 모두가 싸워야했던 그 어둡던 시절 우리 모두는 나라를 지키겠다는 확고한 신념으로 뭉쳤었다. 오늘 그 같은 신념으로 우리는 유엔의 깃발 아래 세계 자유애호민과 더불어 진군하자. 세계 평화를 위한 투쟁에 즐거이 진군하라.

우리는 이제 우리가 투쟁한 것처럼 자기 나라의 독립을 위해 싸운 나라는 자유를 사랑하는 나라들의 도움을 받을 권리가 있다는 것을 바로 인식하자. 그대들은 이제 우리 에티오피아가 그렇게 오래도록 싸워온 남의 자유도 존중되어야 한다는 원칙을 지키기 위하여 십자군 전쟁을 떠나는 것이다. 그러한 우리의 전통과 여러분의 노력과 희생이 있은 후에야 우리 에티오피아가 형제의 나라의 부름에 첫 번째로 당당히 나섰노라고 할 수 있을 것이다.

사랑하는 에티오피아의 전사들이여, 그대들은 에티오피아의 자유를 넘어서 세계인의 평화와 권리를 위해 이역만리 먼 땅을 향해 오늘 조국을 떠난다. 지구 반대편 그곳 한국에서 그대들은 우리 에티오피아가 그렇게 주장해 온 세계 평화를 위한 집단안보 원칙을 조국 에티오피아를 대표하여 실현할 것이다.

자기 나라를 지키기 위하여 백방의 노력을 한 작은 나라가 집단안보를 자기 생존의 수단으로 여기는 것은 지극히 당연하지 않은가? 집단안보 장치는 즉각적이고 절대적이어야 한다. 동료애가 있는 어떤 작은 나라도 어떤 민주주의 국가도 어떤 국민도 유엔의 집단안보 장치에 의해 그 독립이 보호되어야 한다.

세계열방 중에서 우리 에티오피아가 집단안보 주의를 처음부터 강력하게 주장하여 왔노라.

국제연맹에서 우리가 세계 평화를 위해 집단안보의 필요성을 주장하며 2차 세계대전이 발발하기 전의 그 암울하던 때 그 국제연맹에 지원을 호소했으나 우리 에티오피아는 국제사회의 지원없이 부당한 외세 침입에 대항하여 외로이 싸웠노라. 그때 우리 선열의 투쟁과 희생으로 이 나라는 독립을 찾았고 그런 역사적 경험으로 오늘날 우리는 집단안보의 원칙을 어느 나라보다도 강력히 주장하게 되었도다.

그런 역사적 연유로 에티오피아 국가원수이며 국군 통수권자인 짐이 한국에 대한 공산군의 부당한 침입에 대하여 유엔이 제의한 집단안보에 입각한 유엔군 파병 호소에 어느 나라보다도 먼저 이에 응하게 되었노라.

한국에 유엔군의 일원으로 참전하는 것에는 많은 시간과 노력 그리고 예산이 필요함은 처음부터 자명하였다. 그러한 어려움을 충분히 잘 알고 있지만 우리 에티오피아는 전투병을 파병하기 전부터 한국에 즉각적인 지원을 하기에 주저하지 않았노라. 우리 에티오피아는 군사적 지원에 앞서 집단안보 정신에 입각하여 한국 지원을 위해 즉각 자금을 지원하였노라.

이제 나의 사랑하는 제국의 용사들은 지금 한국에서 유엔의 깃발 아래 공산군과 싸우는 미국, 영국, 프랑스, 네덜란드, 벨기에, 그리스, 터키, 태국, 호주, 뉴질랜드, 콜롬비아 전사들과 함께 싸우러 장도에 오르게 되었도다.

집단안보 정신에 입각한 세계적인 최초의 노력에 에티오피아가 참가하게 되는 이 영광스런 순간에 우리가 그렇게 강력하게 주장하였던 집단안보의 실현 과정을 짐과 함께 뒤돌아보지 않겠는가?

정확히 15년 전 이 달에 황제이며 국군통수권자인 짐은 이탈리아군과의 전투를 진두지휘하며 전선에서 국제연맹을 향하여 집단안보 정신에 따라 우리를 지원하여 달라고 호소하였노라. 지금과 마찬가지로 그때에도 군사적 제재 조치를 기대하는 것은 문제가 아니었도다. 그러나 집단안보라는 개념이 그 당시에는 너무 생소하여 에티오피아가 기대하는 것은 군사적 지원은 생각지도 못하고 단지 이탈리아의 침략을 저지할 수 있는 경제적 제재와 비인도적인 독가스를 사용하지 못하도록 하는 것이었노라.

그러나 15년 전 바로 이날에 국제연맹은 최소한의 집단안보 조처를 할 수 없다고 최종적으로 결정하였도다. 이런 결정에도 굴하지 않고 선열들의 용기에 힘입어 짐과 우리 국민은 하나가 되어 영국군의 지원을 받아 우리의 수도 아디스아바바를 이탈리아 적으로부터 되찾을 때까지 싸웠노라.

오늘날 단순히 경제적 제재를 유엔에 요청하는 것은 문제가 되지 않도다. 대한민국은 유엔에 지원을 호소했고 드디어 유엔은 집단안보 원칙에 입각하여 군사적 지원을 하게 되었노라.

유엔의 첫 번째 집단안보 조처에 합류하는 역사적인 오늘, 우리는 우리 자신에 충실하고 우리가 이 시간은 물론 금세기의 가장 중요한 덕목이라고 믿었던 집단안보에 우리의 책임을 이행하게 된다는 사실에 가슴 벅차오름을 느끼지 않는가? 집단안보에는 국경도 물리적 거리도 초월하도다. 이곳에서 머나먼 극동의 한 나라의 독립을 지키기 위한 집단안보 원칙에 참가하는 데에는 아무런 주저도 없으며 단지 유엔에 대한 회원국의 책임을 다 하는 것뿐이도다. 중공 인민이 몇 해 전 자연재해를 당하여 고통 받을 때 우리가 재정지원을 했던 지난날처럼 극동에서 일어난 일로 고통받는 중공인민과 북조선 인민들이 당하고 있는 새 역경에 애통해 하노라. 평화와 안정이 그대들 노력에 의하여 그 땅에 빨리 회복되기를 신께 빌겠노라.

전사들이여, 그대들은 축복받은 행운아이도다. 왜냐하면 그대들 모두는 우리의 선열들의 가슴에 타 올랐던 자유와 국제 정의를 세계에 증언하도록 선택받은 자이기 때문이니라.

그대들의 발걸음은 자신의 노력과 자유애호국의 집단안보 지원으로 독립과 자유를 지킬 수 있다는 신념으로 모든 나라의 권리를 만천하에 선포하였던 선열들의 발자취를 따라 가는 것이 도다. 우리 에티오피아는 우리 전통과 우리 선열들이 겪은 희생에 충실하게 지금도 행할 수 있지 않겠는가?

사랑하는 나의 전사들이여, 우리 조상들과 우리의 독립을 지키기 위하여 수천 년 싸워 온 선열들의 혼백이 그대들을 지켜 한국전선에서 싸울 그대들 손발을 강건케하여 승승장구케 하리라.

그대들 조국이 선열들이 흘린 피뿐만 아니라 연합국의 도움으로 독립되었노니 그대들 한국전 참전이 이에 대한 보답의 길이 됨을 또한 항상 명심하라. 그뿐 아니라 조국과 유엔 회원국을 대표하여 그대들이 집단안보라는 보편타당한 원칙의 기초를 다지는 일임을 명심하라.

신의 가호로 그대들이 한국전에서 영웅적 행동으로 임무를 완수한 후 그대들을 사랑하는 조국 에티오피아로 무사귀환하기를 짐은 국민과 함께 빌겠노라.

주한 유엔군 대표 초청
루스벨트 여사 연설문

(1951년 12월 1일)

대통령 각하, 유엔 회원국 및 첫 번째 유엔 집단안보군 대표 여러분,

지정학적 관점과 확보할 수 있는 군사력 등을 감안하여 세계 평화를 지키기 위한 유엔의 첫 번째 집단안보군을 창설하고 지휘할 책임이 우리 미국에 위임되었습니다. 그것은 우리 미국인에게 커다란 자부심을 주는 일이며 또한 신뢰와 책임을 수반하는 일이기도 합니다.

부당한 외부 세력으로부터 조직적이고도 직접적 공격을 당한 대한민국 국민들은 무서운 투혼으로 이들과 맞서면서 동시에 유엔에 도움을 간절히 바라고 있습니다. 그러면서도 그들은 과거 10년간 만주인이나 에티오피아인 그리고 오스트리아인이 그랬던 것처럼 국제사회에서 그들을 도울 것인지 말 것인지 불안해했습니다. 그들은 역사가 되풀이 되어서 그들의 청원이 공허한 결의문만으로 끝나지 않나 심히 불안해했던 것이 사실입니다.

유엔의 역할에 대하여 냉소적인 자들이 그럴 만한 선례가 얼마든지 있었습니다. 반면에 유엔헌장은 단합되고 확고한 집단안보를 규정하고 있다고 믿는 자들이 그것을 증명할 과거 선례는 없었습니다.

냉소주의자가 아닌 소위 현실주의자들은 부당한 외침을 받는 나라를 위해 집단안보를 위한 행동이 국제사회에서 과거에 없었다는 것을 지적했습니다. 그러나 이번만큼은 냉소주의자들이나 유엔을 크게 신뢰치 않

는 자들이 틀렸습니다. 많은 나라가 유엔헌장의 원칙을 준수하는 것이 자국과 국제사회의 이익에 긴요하다고 판단했습니다.

세계 도처의 양식 있고 자유를 사랑하는 민족과 그 지도자들이 스스로에게 다음과 같은 질문을 던졌습니다. 유엔의 도움으로 다시 독립한 신생국을 유엔이 지켜주지 못한다면 유엔이 공동의 목적을 위하여 같이 행동할 것이라고 어떻게 신뢰하겠는가? 그 질문에 대한 유엔의 결정은 온 인류에게 커다란 희망을 준 것이었습니다. 그 위험한 순간에 내린 유엔의 바른 결정으로 우리 인류는 또 하나의 세계대전을 피할 수 있었습니다.

공산군의 침략 개시 몇 시간 만에 유엔의 결의문이 행동으로 이어졌습니다. 세계 평화를 위한 집단안보 약속이 지켜졌습니다. 53개국이 유엔 헌장에 따라 즉각 지원에 나섰습니다. 사전 계획이나 준비가 없었지만 공산군을 격퇴시켜 한반도의 평화를 회복시킬 유엔의 집단안보 행동이 현실화되기 시작했습니다. 만주, 에티오피아 그리고 오스트리아의 선례가 무너지고, 세계 역사는 바른 방향으로 물줄기를 튼 것이었습니다.

공격을 받은 나라가 생존을 위하여 싸우는 것은 지극히 상식적이지요. 그러나 먼 나라를 지키기 위하여 다른 나라들이 지원에 나선 선례는 찾기가 어려웠습니다. 다른 나라의 독립을 지켜주는 것이 자신의 안보에도 도움이 된다는 신념으로 도와주는 것은 확고한 세계관과 용기 그리고 대의를 위하여 기꺼이 희생하겠다는 신념 없이는 불가능한 일입니다.

오늘 이 자리에 모인 각국의 젊은이들이야말로 지구상의 대다수의 나라가 그러한 세계관과 용기 그리고 대의를 위하여 희생하겠다는 신념을 갖고 있다는 증명입니다. 여러분은 도살되기 위하여 줄지어 서있는 양의 운명을 거부하고 유엔 창립 후 첫 번째 피침국인 한국을 위하여 공산군을 격퇴시키겠다고 나선 자랑스러운런 각국의 유엔군 대표입니다. 여러분은 이 시대 국제사회의 활기찬 희망이요 인류애의 표상입니다.

여러분의 한국에서의 노력으로 비단 여기에 모인 나라뿐 아니라 다른 나라들도 세계 평화를 지키기 위한 집단안보군으로서 유엔의 역할을 이제 이해하게 되었습니다.

이 자리에 모인 각국 대표와 한국에서 이 시각에도 공산침략군과 싸우고 있는 여러분의 전우가 없다면 유엔의 목적과 결의문은 한낱 문서고의 한편에 처박혀 있었을 것입니다. 여러분과 여러분 전우의 노력과 희생으로 유엔의 결의문은 세계 평화를 위해 열매를 맺고 있습니다.

유엔헌장에 '침략전쟁은 없어야 하며, 만일 침략전쟁이 일어난다면 유엔의 단합된 힘으로 이를 격퇴하고 평화를 회복시킨다'라고 규정되었습니다. 여기에 모인 여러분의 적지 않은 전우가 한국에서 전사하고 부상당하였습니다. 그것은 바로 유엔헌장과 결의문이 살아 숨쉬고 있다는 증거요 앞으로도 그럴 것이라는 생생한 증거입니다. 또한 그것은 장차 있을지도 모를 침략전쟁에 대하여 이제는 모든 인종, 민족, 종교를 초월하여 군건한 연대로 한 덩어리가 되어 이를 분쇄하겠다는 의지를 천명하는 것입니다.

어떤 나라는 자신의 안보도 확실치 않은데 먼 나라를 도우러 자국의 군대를 파병할 여유가 있겠나 하고 회의적이기도 했으나 이제 그들도 미래의 안보는 목적을 같이 하는 우방과 연대를 군건히 하여야 한다는 것을 확신하게 되었습니다. 국제사회에서 '하나는 전체를 위하여, 전체는 하나를 위하여'라는 새로운 질서가 자리 잡게 되었습니다. 우리는 이제 집단안보가 인류전체의 평화와 자유를 지키는 실제적인 방안이라는 사실을 알게 되었습니다.

여기에 모인 여러분은 새로운 유형의 군인을 대표하고 있습니다. 여러분의 목적은 정복이 아니고 침략의 종식입니다. 그리고 홀로 싸우지도 않습니다. 여러분의 목적은 침략을 야기한 정치적 불화를 평화적 방법으로 해결을 모색하는 것입니다. 여러분이 추구하는 궁극적인 것은 평화입니다.

그 목적을 달성하는 데는 미증유의 인내심이 필요했습니다. 유엔군은 날마다 공격을 당했고 전투지역을 최소화시키기 위해 많은 사상자를 감수했습니다. 그리고 마침내 그러한 노력은 결실을 맺었습니다. 유엔군이 추구하는 것은 평화라는 것보다 더 큰 증거는 없습니다. 다행히 유엔군이 추구하는 평화의 승리가 예측되고 있습니다.

한반도의 전쟁은 공산 진영의 오판의 결과였습니다. 이제 더 이상의 오판은 없을 것 같습니다. 세계 평화를 지키기 위한 집단안보 행동은 이제 미래의 구호가 아니라 우리가 쟁취한 현실 정책입니다. 어느 한 나라의 안보는 그 나라만의 문제라고 하는 옛 방식으로 후퇴하지만 않는다면 평화와 자유 그리고 안보와 개인 복리는 확보되고 증진될 것입니다.

내 나라 미국 특히 한국의 평화를 회복시키기 위하여 희생한 것이 더 큰 전쟁을 미연에 방지함으로써 더 큰 희생을 방지했다고 믿는 미국의 어머니, 부인 그리고 자매들을 대표하여 여러분께 여러분과 여러분의 전우가 한국에서 지금까지 이루고 또 오늘도 굳건히 이 신념을 지키고 있는 것에 대하여 깊은 감사의 말씀을 전합니다.

15년 전, 국제연맹 총회에서 부당한 침략에 대응하여 집단안보 행동을 탄원하는 어느 작은 나라의 지도자가 있었습니다. 지금 이 자리에 그 나라의 대표자도 우리와 함께 있습니다. 지난 4월에 그 나라의 파병부대가 유엔군의 일원으로 한국으로 떠날 때 그 지도자가 출정사에서 했던 말을 나는 이 자리에서 여러분께 인용하고자 합니다.

"그대들은 이제 우리 에티오피아가 그렇게 오래도록 싸워온 남의 자유도 존중되어야 한다는 원칙을 지키기 위하여 십자군 전쟁을 떠나는 것이다. 그러한 우리의 전통과 그대들의 노력과 희생이 있은 후에야 우리 에티오피아가 형제의 나라의 부름에 첫 번째로 당당히 나섰노라고 할 수 있을 것이다.

사랑하는 나의 전사들이여, 그대들은 에티오피아의 자유를 넘어서 세계인의 평화와 권리를 위해 이역만리 먼 땅을 향해 오늘 조국을 떠난다. 지구 반대편 그곳 한국에서 그대들은 우리 에티오피아가 그렇게 주장해 온 세계 평화를 위한 집단안보 원칙을 조국 에티오피아를 대표하여 실현할 것이다.

그대들 조국이 선열들이 흘린 피뿐만 아니라 연합국의 도움으로 독립되었노니 그대들의 한국전 참전이 이에 대한 보답의 길이 됨을 또한 항상 명심하라. 그뿐 아니라 조국과 유엔 회원국을 대표하여 그대들이 집단안보라는 보편타당한 원칙의 기초를 다지는 일임을 명심하라."

저 감동적인 연설문에 나는 그가 그의 전사들에게 말한 마지막 말을 덧붙이고 나의 말을 마치고자 합니다.

"신의 가호로 그대들 한국전에서 영웅적 행동으로 임무를 완수한 후 그대들을 사랑하는 조국 에티오피아로 무사귀환하기를 짐은 국민과 함께 빌겠노라."

셀라시에 황제 건배사

(유엔본부, 1954년 6월 1일)

수십억 온 세계 전 인류가 그렇게 간구하는 평화 보장을 논의하는 중심지에 본인이 18년 만에 다시 오니 감개가 무량함을 금할 길이 없습니다. 평화에 대한 우리 인류의 희망은 이곳 밖에 없다는 본인의 생각은 예나 지금이나 변함이 없습니다.

수천 만 명이 희생된 그 암울한 세월이 흘러 이제는 미래에 대한 밝은 희망이 우리 앞에 있습니다. 18년 전의 국제연맹은 에티오피아에 대한 침략자를 막지 못해 근본적으로 실패한 것임을 잊지 말아야 합니다. 국제연맹이 실패하여 2차 세계대전이 발발되었고 그로 인해 우리에게 닥친 재난이 말로 다할 수 없었지만 집단안보만이 세계 평화를 지킬 수 있다는 우리의 이상을 저버릴 수 없었고 이를 이루기 위하여 우리는 국제연합을 새롭게 창설한 것입니다. 세계 평화를 지키고자 하는 대장정에는 이곳 국제연합을 통한 집단안보가 유일한 길임을 다시 한 번 상기합시다.

우리 에티오피아는 세계 평화를 위한 집단안보 이상이 실현되리라 확신하고 있었습니다. 국제연맹이 1936년 제네바에서 본인의 경고를 무시하여 에티오피아는 침략자에게 약탈당했고 뒤따른 2차 세계대전으로 세계 평화는 철저히 깨졌지만 결국 우리 에티오피아는 1940년 침략자를 물리쳤고 국제연합은 불의한 과거를 청산하고 정의의 형제들을 결합시켜 광명의 시대를 활짝 열었습니다. 18년 전 집단안보를 실현하지 못한 쓰라렸던 기억을 떨쳐버리고 최근 불의한 침략을 당한 한국을 국제연합이 합심하여 지켜냄으로써 우리 인류는 역사에 큰 진전을 이룩하였습니다.

그 길에 에티오피아가 앞장 서 집단안보라는 인류의 이상을 실천한 것에 대하여 본인과 우리 에티오피아 국민은 커다란 자부심을 갖지 않을 수 없습니다.

우리 모두 과거의 실패를 거울삼아 앞으로 성취해야 하는 목표를 향해 힘차게 나아갑시다. 존경하는 하마슐드 사무총장님과 이곳에 모인 각국 대표자 여러분의 노력이 집단안보를 통해 한국 독립을 지켜냈듯이 항구적인 세계 평화를 지킬 것을 확신합니다.

이러한 인류의 발전에 우리 모두 기쁜 마음으로 건배합시다.

유엔총회에서의 연설
하일레 셀라시에 황제와
하마슐드 유엔 사무총장

(유엔총회, 1954년 6월 1일)

사무총장의 황제 소개

하일레 셀라시에 황제께서 본 총회에서 연설하시게 된 것을 유엔의 영광으로 생각합니다. 황제께서는 18년 전에 유엔의 전신인 국제연맹 총회에서 연설하신 바 있습니다. 그러나 그것은 유쾌한 기억이 아닙니다. 그러나 오늘 여기에 모인 각국 대표와 유엔 직원 모두는 황제를 깊이 존경하며 열렬히 황제를 환영하여 마지않습니다.

황제의 답사

우리 에티오피아가 유엔 창립회원국으로 유엔이 부과한 모든 의무를 수행할 것을 천명한 이후 본인은 유엔 본부 방문을 줄곧 희망해왔습니다. 집단안보를 실현시켜 세계 평화와 정의를 지키겠다는 인류 이상의 전당인 유엔본부에 들어서니 감개무량하여 눈물이 앞을 가립니다.

본인은 앞서 존경하는 하마슐드 사무총장님과 사무처 직원들을 만났습니다. 특히 본인은 유엔에 보내주신 기자단의 협조의 중요성을 잘 알고 있으며 이에 감사드립니다. 기자단 여러분은 말 그대로 유엔의 귀이고 입입니다. 여러분을 통해서 각국 국민은 유엔의 하는 일을 알아 판단하고 유엔의 헌장을 잘 구현하고 있는 유엔을 신뢰하고 있습니다. 또한 기자단이 집단안보의 중요성과 그 실현을 위한 본인의 노력을 잘 인식하고 긴밀히 협조하여 준 것에 대하여 이 자리를 빌려 사의를 표합니다.

유엔의 하는 일을 성실히 보도하는 여러분의 일을 통해 토의와 협력 그리고 합의에 따른 강한 실천만이 세계 평화가 보장된다는 인류의 이상과 유엔의 역할이 세계 시민에게 전달되리라 본인은 확신합니다.

파시카 하일레마리암(Fasika Hailemariam) 소위의 그때와 오늘

파시카 하일레마리암(Fasika Hailemariam)는 1929년 4월생으로 강뉴부대 3진으로 한국전쟁에 참여했다. 소대장으로 근무하며 금화지구 '철의 삼각지'에서 용맹을 떨쳤다. 그 전공으로 에티오피아 성좌훈장, 미국 은성

1953년 5월, 한국 전선을 시찰한 달레스 미국 국무장관과 악수하는 파시카 하일레마리암 소위

In May 1953, Fasika Hailemariam is shaking hands with J. F. Dulles, Secretary of States, USA, who visits the battlefield of Korea

2009.5, KOICA 에티오피아 사무소를 3남 사무엘과 방문하여 송인엽 소장과 담소를 나누는 파시카 하일레마리암 소위

In May 2009, Fasika Hailemariam is shaking hands with Dr. David SanGang InYeup SONG during his visit KOICA Ethiopia Office together with his third son, Solomon

무공훈장, 유엔 메달, 한국 화랑무공훈장을 받았다. 귀국 후 황실근위대의 요직을 거치며 대령으로 승진되었으나 1974년 에티오피아가 공산화되면서 강제 퇴역을 당했다. 강뉴부대 출신 장교들이 에티오피아군의 요직을 맡았으나, 1974년 공산 정권이 수립되면서 대부분 숙청, 강제 퇴역당했다. 1991년 에티오피아가 다시 민주화되면서 이들은 1992년 6월 8일 한국전쟁 참전 용사회(Ethiopian Korean War Veterans Association)를 결성하고 젊은 시절 그들이 투혼을 불살랐던 한국이 선진국이 되어 한국국제협력단을 통해 에티오피아 발전에 노력하고 있음을 자랑스러워하고 있다. 2009년 10월 10일 현재 440여 명이 대부분 노령, 질병, 빈곤으로 어렵게 생활하고 있다. 춘천과 아디스아바바에 각각 강뉴부대의 한국전 참전 기념탑이 있어, 한국전에서 단 1명의 포로도 없이 253전 253승 기록한 그들의 영웅적 이야기를 길손에게 전해주고 있다.

Then and Today of Second Lt. Fasika Hailemariam

Second Lt. Fasika Hailemariam was born in April, 1929 and participated in the Korean War as a platoon leader of the third Kagnew from 5 April 1953 to 10 July 1954. He performed heroic deeds at the Iron of Triangle near KumHwa Front. He was awarded with Star Order From Ethiopia, Bronze Star Order from USA, UN's Medal and HwaRang Meritorious Order from Korea for his outstanding services.

   After returning to his country, he was in charge of various key positions in the Ethiopian Army and promoted to Colonel in 1970. In 1974, he was forced to leave the army right after Ethiopia was communized. The officers from the Kagnew played important roles in the Ethiopian Army including the Imperial Body Guard but nearly all of them were forced out of the Army when the communists took power in 1974.

The officers from the Kagnew Battalion formed the 'Ethiopian Korean War Veterans Association' on 8 June 1992, after Ehiopia was democratized again in 1991. They are so proud of Korea for which they fought, when young, against its invaders inflicting world peace in the spirit of collective security under the banner of the United Nations Forces, because Korea is an advanced democratic country now after having overcome all the difficulties and more because KOICA is performing a lot of projects for the development of Ethiopia on the voluntary spirit of 'share and serve'.

About 450 Ethiopian Korean war veterans out of 6,037 participants are alive now, but most of them are suffering from old age, disease and poverty. There stand Korean War Monuments for Ethiopian Fighters in ChunCheon city, Korea and Addis Ababa, Ethiopia, respectively, telling us their heroic deeds of 253 wins on 253 battles without leaving a single prisoner of war.

하일레기오르기스 메케넨(HaileGiorgis Mekonnen) 중위의 한국전쟁 당시, 귀국 후 전성기 그리고 오늘

한국전쟁 참전 당시 전우와 함께 오른쪽이 하일레기오르기스 중위 1951년 10월
During Korean War, 1951.10, Right

하일레기오르기스 메케넨(HaileGiorgis Mekonnen 1928년 6월 28일 생)은 1946년 4월 황실 근위대 사관학교에 입학해 1948년 8월 소위로 임관했다. 1951년 4월 한국전쟁에 강뉴부대 1진으로 참전해 중대장으로 근무하며 혁혁한 무공으로 화랑훈장, 미국 은성무공훈장, 에티오피아 훈장, 유엔 메달 등을 수여받았다. 귀국 후 군 요직을 두루 맡으며 1971년 소장으로 승진했다. 2사단장 재임시 1972년 셀라시에 황제 시종장으로 발탁되어 근무하던 중 공산 쿠데타로 황제가 투옥되고 곧 의문의 죽음을 맞이한 뒤 군에서 강제로 퇴역을 당하였다. 그뒤 공산정권의 갖은 회유에도 그는 황제에 대한 충절을 굽히지 않고 은둔생활을 했다. 한국의 자유와 세계 평화를 위해 집단안보정신에 입각하여 유엔군의 일원으로 한국 파병을 결정한 셀라시에 황제의 영단을 높이 평가하며 그는 직접 한국전쟁에 참전한 것을 자랑스러워하고 있다. 슬하에 1남(Tewodros) 2녀(Hirut & Sofia) 및 손자 7명을 두고 있다.

황제 시종장으로 근무할 당시(가운데가 HaileGiorgis), 아디스아바바 황궁, 1973년 6월.
With the Emperor(Left), at the Royal Palace, Addis Ababa in October 1973, Center

막내 딸, 사위와 함께 한국국제협력단 에티오피아 사무소를 방문한 모습. 2010년 4월 12일.
Visiting KOICA with his daughter Sofia and son-in-law Samuel on April 12, 2010

Lieutenant HaileGiorgis Mekonnen's Korean War, Golden Time and Today

HaileGiorgis(DOB:1928.6.28) entered Royal Military Academy in 1946 and was appointed 2nd Lieutenant in 1948. He participated in Korean War as Company Leader of First Kagnew Battalion and showed heroic deeds for the defense of Korean freedom and world peace and eventually for the glory of Ethiopia. He was conferred with Military Merits from Korea, USA, Ethiopia and UN. Being promoted as Major General in 1971, he served as Commander of 2nd Division. He was chosen as 'Military Protocol Chief to the Emperor' in 1972. During the Communist Coup in 1974, Emperor Haile Selasie was prisoned and died soon in doubt and HaileGiorgis was forced to retire from the army. Despite all appeasement of the communists, he lived a seclusive life, keeping his respect and loyalty to the Emperor who dispatched Ethiopian fighters to Korea in the spirit of "collective security". He has one son(Tewodros) and two daughters(Hirut & Sofia) and seven grandchildren.

에티오피아 강뉴부대 한국전 참전 용사탑(IPU 대표단 참배)

에티오피아 아디스아바바 한국전 참전 용사탑에서 참배(2009년 4월 10일)
역자 송인엽, IPU 대표단(이재선, 박계동, 김효석, 박영아, 진영), 정순석 대사

아디스아바바 한국전쟁 참전용사탑에서 참배를 마치고(2009년 4월 10일)

강뉴부대 전사자 명단

순번	성 명	군번	순번	성 명	군번
1	Capt. Abebe Tegegn	1557	32	Pvt. Alemu Bedane	609
2	Lt. Tilaye WonedemAgegnew	2467	33	Pvt. Lemma Geletu	309
3	2nd Lt. Dejene T/Wold	584	34	Pvt. Eshete W/Mariam	781
4	2nd Lt. Bezabeh Ayele	3429	35	Pvt. Alemu Melaku	352
5	2nd Lt. Moges Aleyu	1653	36	Pvt. Bekele Melka	561
6	Pvt. Assafa Tache	3904	37	Pvt. Kebede Azene	302
7	Cpl. Feleke Lemma	1952	38	Pvt. Lemma Maru	348
8	Cpl. Belay Shibeshi	1978	39	Pvt. Fantahun Alemu	602
9	Cpl. Wubete Tirfe	463	40	Pvt. Tilahun Mendese	688
10	Lcpl. Leta Benti	318	41	Pvt. Dubale Tezera	350
11	Sgt. Eshete Wase	399	42	Pvt. Mamo Buta	1689
12	Sgt. Eshete Andarge	237	43	Pvt. Temeteme Hailu	346
13	Sgt. Mekonnen Bisrat	957	44	Pvt. Bekele Alemayehu	73
14	Sgt. Teshome Wemi	2168	45	Pvt. Kebede Negewo	1346
15	Sgt. Mulugeta Merey	1851	46	Pvt. Teshome Ture	2128
16	Sgt. Shiferaw Yilma	490	47	Pvt. Haile Garedew	1950
17	Pvt. Assafa Hawase	782	48	Pvt. Seboka Geletu	705
18	Pvt. G/Egizabher Fita		49	Pvt. Bedane Negewo	3227
19	Lcpl. Mamo Ayele	1864	50	Pvt. Seifu Wolde	
20	Lcpl. W/Tensay Z.	2001	51	Pvt. Jirru Tulu	707
21	Pvt. Melese Beryhune		52	Pvt. Demesse Birru	3288
22	Pvt. Edosa Dima	1090	53	Pvt. G/Selassie T.M	1516
23	Pvt. Mamo Hunecho		54	Pvt. Teferra Begashaw	2035
24	Pvt. Bekele Bera	1417	55	Pvt. Legesse Adafre	1916
25	Pvt. Gezate Mengestu	1294	56	Pvt. Ayalew Legesse	1973
26	Pvt. Sahle T/Mariam	171	57	Pvt. Adal WondemAgegnehu	1786
27	Pvt. Beru Tulu	110	58	Pvt. Degefe Achamyeleh	1843
28	Pvt. Atenaw Workeneh	816	59	Pvt. Ayele Tessema	2120
29	Pvt. Tekele Abetew	398	60	Pvt. Molla Takele	1785
30	Pvt. Assafa Hey	789	61	Pvt. Ayele Zeleke	1860
31	Pvt. Ayele Belachew	544	62	Pvt. Abebe Mekonnen	516

순번	성 명	군번
63	Pvt. Kassa Endeshaw	538
64	Pvt. Wolde Kirkos GebreAb	563
65	Pvt. Asfaw Meshesha	533
66	Pvt. Geremew Muleta	295
67	Pvt. Alamerew Bogale	779
68	Pvt. Debebe Abegaz	1947
69	Pvt. Birhanu Mengesha	2461
70	Cpl. Gurmu Gudeta	1752
71	Cpl. Bekele W/Amanuel	2153
72	Pvt. Negash Asfaw	1770
73	Pvt. Debele Jimma	1416
74	Pvt. Abedi Dadi	1435
75	Pvt. Shiferaw Sahle	1471
76	Pvt. Melese Beryehun	1499
77	Pvt. Regassa Bikila	596
78	Pvt. Demesa Tulu	2568
79	Pvt. Teshome Muleta	1915
80	Pvt. Andualem Alemu	2162
81	Lcpl. Tadesse G/Georgis	1823
82	Pvt. G/Yohannes Shileso	2005
83	Pvt. Terefe Mengesha	562
84	Pvt. Kebede Metaferia	2463
85	Pvt. Geleta Demessie	2592
86	Pvt. Muleta Berake	2013
87	Pvt. Woreku Arareso	2329
88	Pvt. Girma Shibeshi	2205
89	Pvt. Zinabu G/Hiwot	13
90	Pvt. Abebe Ashenafi	2427
91	Pvt. Alem Belay	468
92	Cpl. Assafa Tesfaye	1121
93	Sgt. Zena H/Mariam	730

순번	성 명	군번
94	Sgt. Abebe Gebere	2191
95	Sgt. Abereham Belay	3275
96	Sgt. Agonafer Woreku	3512
97	Sgt. Eshete Amenie	3019
98	Cpl. Hailu Abera	3024
99	Cpl. Seium Ayele	2989
100	Cpl. Mamo Tesema	2011
101	Cpl. H/Mariam W/Tsadik	3708
102	Pvt. Birhane Mala	2032
103	Pvt. W/Tsadik Tesema	2460
104	Pvt. Kasahun Dadi	2466
105	Pvt. Mamo W/Mariam	3220
106	Pvt. Mamo Zewede	3187
107	Pvt. T/Mariam Feyessa	797
108	Pvt. Wonde Desta	783
109	Pvt. Rekensa Geleta	1889
110	Pvt. Shigute Shiferaw	2998
111	Pvt. Mulatu W/Tsadik	3445
112	Pvt. G/Tsadik W/Hawariat	3623
113	Pvt. Bekele Kassa	3620
114	Pvt. Yimer Tessema	1778
115	Pvt. Assefa Kassa	3022
116	Pvt. Tekelu Wondu	1967
117	Pvt. Tamrat Kassa	2434
118	Pvt. Mulugeta H/Wold	1596
119	Pvt. Demese G/Hiwot	1300
120	Pvt. Zerefu Engeda	1354
121	Pvt. Bekele Belayneh	76
122	Pvt. Desta Hagos	479
123	Pvt. Chanyalew Admasu	1240
124	Pvt. W/Georgis Feyessa	482

에티오피아 한국전참전용사회 임원진 명단

(Korean War Veterans Association of Ethiopia)

Members of Executive Committee

(May 25, 2010)

NO. ID. No. Name	Rank	
1. 1828 Melesse Tessema	Colonel	President
2. 0011 Yillma Belachew	Capatin	Vice President
4. 0186 Wengele kosta	L.Colonel	Auditor
6. 0286 Sahlemariam W/micheal	Captain	Casher
7. 1291 Asefaw T1mariam	Major	Member
8. 0501 Tefera Zemdkun	Lieutenant	Member
9. 0657 Mesfene Belay	Colonel	Public relation officer
10. 0023 Letargachew Abebe	Major	Property officer
12. 0069 Kasa Gezaw	Captain	〃
14. 0010 Asefa Demise	Ato	〃
16. 2039 Vaseliose Sematos	Ato	〃
17. 0241 Abebe Beyene	Ato	〃
19. 0201 Asfaw Egigu	Lieutenant	〃

메레쎄 테세마(Melesse Tessema) 회장(1932년 1월 8일 생. 슬하에 3남 3녀, 사진 가운데)은 강뉴부대 2진 4중대 2소대장으로 맹활약을 하여 화랑무공훈장, 미국 은성무공훈장을 받았으며 1972년 대령으로 승진하여 육군 핵심 여단장으로 복무하였으나 1974년 에티오피아가 공산화된 직후 강제 퇴역당한 뒤 사기업과 NGO에서 근무 후 현재는 Yeka 지역 종교지도자로 활동하고 있다.

엘마 베라츄(Yilma Belachew) 부회장(1931년 10월 5일 생, 슬하에 1남2녀, 사진 왼쪽)은 강뉴부대 2진 중기중대 75밀리 포 소대장으로 근무하여 화랑무공훈장, 미국 동성무공훈장, 유엔훈장을 받았으며 1957년 대위로 승진하였다. 1960년 멩기수트 장군이 주도하는 군 정풍운동에 가담, 실패로 끝난 뒤 투옥당하여 1961년 출옥한 후 사기업에서 활동, 지금은 한국전쟁 참전용사회에서 근무하며 자신의 군 회고록을 집필 중에 있다.

Today and Then of Chairpersons of Korean War Veterans

Col. Melesse Tessema(DOB: Jan 8, 1932, Center of Foto), Chairman of Korean War Veterans Association of Ethiopia, KWVE) now, 2nd Platoon Leaderr, 4th Co., 2nd Kagnew in 1952, received Korean Wharang Merit, American Silver Merit for his heroic fight in Korea. He was promoted to Colonel in 1972 and served as Brigade Commander but was forced to leave the army after Ethiopia was communized in 1974.

Capt. Yilma Belachew (DOB : Oct 5, 1931, Left of above Foto), Vice Chairman of Korean War Veterans Association of Ethiopia now, 75mm Platoon Leader, Heavy Weapon Company, 2nd Kagnew in 1952, received Korean Hwarang Merit, American Bronze Merit and UN Medal for his glorious victory during Korean War. Being promoted to Captain in 1957, He joined "Military Cleaning Movement" led by General Mengistu in 1960 and failed and was prisoned. Being released in 1961, he served in private enterprise. Now he is busy writing his autobiography with computer though he is almost blinded.

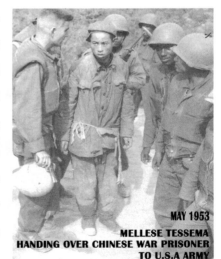

MAY 1953
MELLESE TESSEMA
HANDING OVER CHINESE WAR PRISONER
TO U.S.A ARMY

추천의 글

우리는 평소에 너무 많은 것들을 잊고 산다. 한국전쟁에 참전한 16개 우방국의 이름조차 기억하지 못하고 있으면서 때로는 그들의 가난을 비웃기도 한다. 에티오피아가 파견한 전투부대는 124명의 전사자를 내면서 단 한 명의 포로도 남기지 않고 용감하게 싸웠다. 오늘날 우리의 발전은 상당 부분 그들의 덕이기도 하다는 것을 잊어서는 안 될 것이다. —**1군 사령관 대장 정승조**

지구의 반 바퀴를 돌아 한국전에 참전한 에디오피아의 전사들이 있다. 강뉴부대! 커피처럼 그을리고 표범처럼 날랜 병사들은 목숨 걸고 싸웠다. 그들은 무엇을 지키고자 머나먼 이곳까지 왔던 것일까? —**작가 한수영**

미지의 나라 대한민국에 연합군으로 파병되어 평화를 지켜낸 에티오피아 강뉴부대의 이야기는 세계 역사의 흐름을 되새기게 하는 깊이가 있다. —**주부 박춘녕**

오직 조국에 대한 충성과 세계 평화를 위한 일념으로 253전 253승의 신화를 이룩한 에티오피아 강뉴 전사들의 이야기는 오늘의 젊은이들에게 많은 것을 시사해주고 있다. —**프로바둑 기사 이창호**

1936년에 세계 평화를 위한 집단안보를 주창한 에티오피아의 하일레 셀라시에 황제는 1950년 6월 한국전쟁이 발발하자 유엔군 최초 파병에 앞장섬으로써 세계의 평화 지도자로 우뚝 섰다. —**전 국방부 장관, 국회의원 김장수**

한국戰爭 당시 風前燈火와 같은 상황에서 集團安保(collective security)를 主唱하며 지구 저편 14,500km나 떨어진 에티오피아에서 가장 정예군인 황실근위대 6,037여 명을 파병한 하일레 셀라시에 황제의 결단에 경의를 표한다. 또한, 한국에서 유엔군의 일원으로 맡은 사명을 다한 강뉴부대에게 깊은 감사를 표하며 이 책은 초·중·고·대학생들의 교육을 담당하는 一線 교육자와 학생들에게 一讀을 권하고 싶다. __ **한벌초등학교장 최일광**

나는 한국전에서 유엔군의 일원으로 공산주의 침략자들을 물리친 자랑스런 에티오피아 강뉴부대를 잘 기억하고 있다. 그들의 충성심과 용기, 임무에 대한 헌신 그리고 오직 승리만을 인정하던 강력한 전투력은 정말 대단했다. 강뉴부대를 비롯한 평화 용사들의 고귀한 희생으로 지켜진 자유의 땅 한국은 이제 자유민주주의 국가로 발전하여 눈부신 경제발전을 이룩하고 있다. 우리는 이 책을 통해 강뉴부대의 위대한 업적과 숭고한 희생을 영원히 가슴 속에 새기게 될 것이다. __ **전 백골부대장, 국제경영협의회장 장우주**

한국전쟁에 파병된 에티오피아 강뉴부대 전사들이 253전 253승이라는 혁혁한 전과를 거두는 모습을 그리스 종군기자의 눈을 통해 생생하게 전해주는 책. 오늘날 대한민국의 발전과 성공을 가능하게 한 에티오피아 전사들의 용맹 앞에 다시 한 번 감사와 경의를 표하게 하는 감동적인 서사시. __ **주프랑스 대사 박흥신**

이 책은 유엔 중심의 집단안보에 대한 신념과 사명감이 충만한 에티오피아 전사들의 자랑스러운 한국전쟁 참전을 생생하게 기록하고 있다.

따라서 우리가 익숙하지 않을 수도 있는 제3의 시각에서 한국전쟁을 되돌아보게 하는 책이며, 역설적이지만 한국전쟁을 오늘의 우리가 세계로 뻗어가기 위한 역사적 자산으로 승화시키는 의미도 있는 귀한 책이다.
— 전 **농림부차관, 주덴마크 대사 이명수**

하일레 셀라시에 황제는 한국전쟁에 파병된 부대에게 강뉴라는 부대명을 하사하면서 집단안보와 자유수호 및 세계 평화를 위하여 용전분투할 것을 명령하였다. 강뉴부대는 6,037명을 유엔군으로 파병, 253전 253승의 전승과 단 1명의 포로도 없는 세계 전사에 길이 남을 승리와 기록을 세워 한국전을 승리로 이끈 전투부대이다. — **대한민국 전몰군경유족회장 정병욱**

이 책은 60년 전 한국전쟁 당시 멀리 아프리카의 에티오피아에서 세계 평화를 추구하던 셀라시에 황제가 한국에 파병한 용맹한 정예부대인 강뉴부대의 전투기록으로, 현재 상황과 비교하여 어려웠던 과거를 되돌아보게 한다. 역자인 한국국제협력단(KOICA)의 송인엽 박사는 오지인 에티오피아를 자원하여 한국과 에티오피아 사이의 친선과 우호협력을 몸으로 실천하고 있으며, 현지의 산하와 역사 그리고 문화를 직접 탐방하며 이 책을 출간하였다. — **한국표준과학연구원장 김명수**

여기 뼈아픈 6 · 25 전쟁의 역사가 60년 세월의 강을 건너 먼 거리를 달려왔다. 이 슬픈 냉전시대의 얼룩이 분단된 코리아에는 화해와 통일로, 가난한 에티오피아에는 더 많은 빵과 평화로, 눈물의 노둣돌이 되어 기쁨의 미래로 나아가기를……. — **시인 박노해**

세계 평화와 집단안보에 대해 혜안을 가졌던 에티오피아의 영웅 '하일레 셀라시에'의 리더십과 평화를 사랑하며 이를 지키기 위해 6·25 전쟁에 온몸을 던졌던 강뉴부대 전사들의 숭고한 정신을 감동으로 느낄 수 있는 살아 있는 교과서이다 — **한국교육대학교 총장 송광용**

에티오피아는 그 어느 유엔 참전국보다도 세계 평화와 집단안보의 숭고한 이상을 지키기 위해 6·25 전쟁에서 피를 흘렸다. 한국전에서 용맹을 떨친 강뉴부대의 전설적인 활약상이 뒤늦게나마 KOICA 송인엽 소장에 의해 번역, 출간되는 것에 진심어린 축하와 격려를 보낸다. 이 책이 6·25 전쟁 때 한국을 도왔던 에티오피아의 희생과 헌신을 알리는데 도움이 되기를 기대한다.— **국회의원 정옥임**

6·25 동난 참전 에티오피아 용사들의 숭고한 희생정신과 세계 평화를 위해 장렬하게 몸을 던지는 생생한 장면과 값진 성과를 보라. 그들과 같은 희생이 없었다면 오늘날의 자유 대한민국이 불가능하였을 것이며, 그들의 신성한 피와 땀에 진지한 감사를 드리지 않고는 우리의 밝은 미래는 기대할 수 없다. — **강원대학교 교수 김종순**

'한 명은 전체를 위하여, 전체는 한 명을 위하여(One for All, All for One)'라는 신념으로 전투에 임하여, 한국전 당시 253전 전승을 기록한 에티오피아 용사들의 이야기는 오늘날의 군대는 물론 어느 조직에서나 귀감으로 삼아야 한다. — **국회 지식경제위원회 위원장 정장선**

60년 전, 북한의 불법 남침을 저지하기 위해 유엔 16개국이 우리 대한

민국을 도왔다. 셀라시에 황제의 숭고한 신념에 따라 6·25 전쟁에 참전한 6,000여 명의 에티오피아군의 얘기를 기억하는 사람은 드물다. 그들은 '공산침략군을 격파'하고 '혼돈에서 질서를 확립'하기 위해 253번의 전투를 승리로 이끌면서 124명이 전사하였고 536명이 부상당했다. 오늘날 우리나라의 눈부신 경제 성장과 번영이 있기까지는 이토록 헌신적인 우방국의 희생이 있었음을 결코 잊어서는 안 될 것이다. 이제는 우리가 나설 때다. 세계 평화와 재건을 위해! — **육군 제23보병사단장 최익봉**

1만 5000킬로미터 떨어져 있는 풍전등화 같은 한국의 자유와 평화를 수호하기 위해 아프리카 지부티항의 수송선에 몸을 실은 에티오피아 용사들의 강인한 모습이 눈에 훤히 그려진다. 작가는 잊혀질 수 있는 위대한 역사를 파헤쳐 그들의 불굴의 활약과 용맹성을 보여주고 역자는 한국전쟁의 비극과 에티오피아의 피를 나눈 우정을 다시 일깨워준다.
— **전 한국치과 교정학회장 이준규**

평화와 자유를 수호하기 위하여 이역 땅에서 젊음을 불사른 에티오피아 강뉴 전사의 활약상이 송인엽 박사의 노력에 의해 책으로 세상에 알려지게 됨을 기뻐하며 감사의 말씀을 드린다. 용맹했던 그들의 함성이 화천에서 "세계 평화의 종" 소리로 승화하여 전 세계에 울려 퍼질 수 있는 기틀이 되었음에 감사드린다. 강뉴의 출간으로 에티오피아에 대한 관심과 지원이 끊이지 않기를 바란다. — **화천군수 정갑철**

존경하는 송인엽 박사가 6·25 60주년을 맞이하여 에티오피아의 한국전쟁 참전사인 《강뉴》 한글어판을 출간한 데 대하여 한국-에티오피아

양국의 우호 친선 증진에 크게 기여할 것을 확신하며 깊은 경의를 표한
다. **—유엔한국참전국협회장 지갑종**

    세계의 평화는 그냥 지켜지는 것이 아니었다. 일본으로부터 해방된
지 얼마 되지 않아 우리나라가 공산주의의 침략을 받아 우리 국민들의 삶
이 송두리째 유린되었던 그 아픈 기억의 6·25전쟁이 일어난 지도 벌써
60년이 되었다. 그 속수무책으로 참담했던 전화(戰火)속에 한줄기 빛이
바로 유엔군의 도움이었다. 수많은 국가에서 창창한 젊은이들의 목숨을
세계 평화를 위해 아낌없이 우리에게 제공하였고, 머나먼 아프리카의 에
티오피아에서도 셀라시에 황제가 '집단안보는 어떤 희생을 치르더라도
지켜야한다'는 신념으로 젊은 용사들을 우리나라에 파병했다. 논픽션
《강뉴》는 아프리카의 젊은이들의 용감한 헌신에 대한 보고서이다. 우리
가 편안하게 살아 숨쉬고 있는 오늘의 이 자유와 평화는 바로 6,037명이
253번을 싸워 124명이 전사하고 536명이 부상을 당한 이들 젊은이들의
값진 목숨 값과 희생의 덕분이다. **—온누리복지회장 박영순**

    1951년 강뉴부대를 한국에 파병한 에피오피아의 셀라시에 황제는 20
세기가 낳은 뛰어난 평화주의자이다. 이러한 자유와 평화를 추구하였던
고귀한 정신이 있었기에 오늘날 한국의 번영이 가능했던 것이 아닌가?
에티오피아 강뉴부대의 용맹한 전투이야기야말로 우리 한국 사람들이
감사의 마음으로 오래 기억해야할 역사의 한 단면이다. **— 전 국가보훈처장,
현 한아프리카협회장 김유배**

    강뉴부대를 한국에 보내면서 셀라시에 황제가 행한 연설의 한 대목을

들어 보자. "우리 에티오피아가 항상 추구하고 있는 세계 평화를 위한 집단안보라는 이 신성한 세계정책을 실천하기 위하여 귀 장병들은 오늘 장도에 오르는 것이다. 가서 싸워 침략자들을 물리치고 돌아오라!" 셀라시에 황제는 집단안보 선창자이며 20세기가 낳은 불세출의 평화주의자가 아닌가? — **외교부 아프리카중동국장 김진수**

6·25 때 에티오피아 전사들의 253전 253승의 뛰어난 전공은 세계전사에 빛나고 있다. 그들의 은공은 대를 이어서라도 꼭 갚은 후에야 우리가 문화민족이라고 자부할 수 있을 것이다. — **국회의원 정의화**

세계 평화를 지키겠다는 일념으로 남의 나라 전쟁에서 승리할 때까지 아니면 죽을 때까지 싸웠던 에티오피아 전사들의 이야기는 우리를 감동시킨다. 유럽 제국의 침략을 물리치고 아프리카 54개국 중 유일하게 독립을 지켜낸 것은 우연이 아니었다. — **전 KOTRA사장, 전 통상교섭본부장, 태평양 법무법인 고문 황두연**

세계 평화를 위한 집단안보의 신념으로 6,037명의 황실근위대를 한국전쟁에 파병한 하일레 셀라시에 황제의 1950년의 영단은 이 시대의 편협한 국수주의자들에게 따가운 경종을 울려 주고 있다. 253번의 전투에서 253번을 승리한 강뉴부대의 전적은 한국전쟁사에서 불후의 승전사로 기록되고 있다. — **대한민국 재향군인회장 박세환**

생면부지의 나라인 한국에 와서 용맹스럽게 싸운 에티오피아의 강뉴전사들 그리고 이분들의 후손에게 존경과 감사를 드리며 이들의 공적을 기록한 키몬 스코르딜스 그리고 이를 발굴하여 감동 깊게 우리말로 옮긴 송인엽 박사의 노고에 찬사를 보낸다. — **고려대학교 노어노문과 교수 고일**

이름 그대로 공산침략자들을 박살내고 혼돈에 빠진 한반도에 질서를 확립한 강뉴 전사들의 253전 253승의 이야기는 처참했던 한국전에 빛나는 광휘로 남아 있다. — **한국벤처컨설팅회장 송계선**

자유와 평화 그리고 민주주의를 지키기 위하여 이역만리 한국 땅에서 기꺼이 젊음을 바친 모든 강뉴 전사들과 에티오피아 국민에게 존경과 사랑을 바친다. — **한국프리셉트성경연구원장 죽전 안디옥교회 목사 김경섭**

대의에 맞고 잘 훈련된 사기충천한 정예병은 수가 훨씬 많은 적도 물리칠 수 있다는 것을 한국전에서 실전으로 보여준 강뉴부대의 전투 기록은 오늘의 군대에게도 시사하는 바가 많다. — **국회의원 최규식**

"공산도배들로 인해 혼돈에 빠진 한국에 가서 침략자를 초전에 박살내고 그곳에 질서를 세우고 돌아오라(강뉴)"고 포효한 셀라시에 황제는 20세기 최고의 지도자였다. — **전주시장 송하진**

수원국에서 원조 공여국이 된 유일한 나라 한국. 전쟁의 폐허에서 선진 문화국으로 발전하기까지 많은 우방국들의 도움도 있었기에 가능했다. 한국전쟁 발발 60년이 지난 지금. 《강뉴》를 읽으며 에티오피아 참전 용사들의 용맹함과 희생정신을 기려본다. — **한국관광공사 사장 이참**

《강뉴》는 현실에 안주하고자 하는 젊은이들에게 에티오피아 용사들이 한국전쟁에서 세계 평화를 지키기 위해 승리할 때까지 아니면 죽을 때까지 싸운 역사를 빌려 젊음이라는 특권을 누리기 위해 갖춰야 할 덕목을 일깨워 주는 지침서이다. — **평택운수회사장 최태규**

《강뉴》는 6·25 전쟁에서 에티오피아 용사들의 세계 평화에 대한 신념과 임전무퇴의 용맹성을 생생히 전달하고 있어 아프리카의 에티오피아가 먼 나라가 아닌 이웃나라임을 실감케 하는 동시에 오늘날 세계를 향해 뛰는 우리 젊은이들에게 깊은 감동을 준다. — **경상북도 자문대사 손세주**

오랜 기간 취재하면서 한국전쟁에 참전한 유엔군 용사들을 적잖이 만났다. 무공훈장을 달고 치열했던 전투 현장을 찾아 전우의 넋을 위로하고 헌화·묵념하는 노병들을 볼 때마다 가슴속에서 뜨거운 기운을 느꼈다. 아프리카 국가 가운데 유일하게 전투병을 파병한 에티오피아에 남다른 경외감을 갖고 있었다. 《강뉴》를 통해 파병 배경과 강뉴부대의 맹활약과 숭고한 희생을 접하고 더욱 깊이 고개가 숙여졌다. 한국전쟁 60주년을 맞는 2010년 6월, 이번 호에는 '에티오피아 강뉴부대' 특집을 구성해 보련다. — **〈오늘의 한국〉 편집국장 김계숙**

에티오피아 황실근위대 정예요원으로 편성된 '강뉴부대' 용사들의 한국전쟁 참전 당시 이들의 세계 평화에 대한 신념, 투혼과 희생정신에 깊은 경의를 표하지 않을 수 없다. 오늘날 국제사회에서 한국의 위치와 우리에게 요구되는 역할에 대해 다시 한번 생각하게 하는 감동적인 글이고, 소중한 기록이다. — **한국국제협력단 이사 유지은**

잊을 수 없는 아비시니아 용사들에게

그대, 아비시니아의 용사들이여
동방의 찬란한 빛이 꺼져감이 안타까워
그대들은 이곳에 왔었습니다.

그대들의 조국의 미래가
어떤 운명을 맞을지 개의치 않고
아시아의 등불을 지키려 왔었습니다.

차라리 죽을지언정
포로가 되지 않은 그대들의 용맹은
세계전사에 빛났고
그대들의 거룩한 희생은
이 땅의 자유를 지켰습니다.

그대들이 이 땅에 있던 곳은
가장 험하고
가장 위험했던 곳입니다.

우리는 그대들의
자유를 위한 숭고한 희생을

잊을 수도 없고
잊지도 않을 것입니다.

우리는 그대들이 지켜준 이 소중한 자유를
영원히 지킬 것입니다.

아직도
이 미완의 전쟁은 끝나지 않았지만
먼 훗날
아비시니아의 영광과 배달의 영광이
온 누리에 영원히 함께 할 것입니다.

에티오피아 참전용사후원회

사무국장 신광철

For Unforgetable Warriors of Abyssinia

KwangChul Shin

Thou, Warriors of Abyssinia!

Had been here

To restore the dying

In the magnificent field of the Orient.

Thou had been here

To guard an Asian light

Without even knowing

What would happen

To your own light at home.

Thy valor of choosing death

Instead of being captured

Was recorded at the history of world wars

And thy holy sacrifice

Was devoted to defending our freedom.

Thy battle field

Was the most terrible

And the most dangerous at that time.

We can't and won't forget

Thy holy sacrifice for freedom, forever!

We can and will defend

This precious gift thou got us.

Though this ongoing war still exists

Someday,

The glory of Abyssinia and

That of the BaeDal

Will shine together, all over the world.

'강뉴'는 에티오피아로 두 가지 뜻을 갖고 있다. 첫 번째 의미이자 더 정확한 뜻은 '혼돈에서 질서를 확립하다'이며 또 하나의 다른 뜻은 '격파하다'이다.

'강뉴'라는 부대명은 하일레 셀라시에 황제가 한국전쟁에 파병된 에티오피아 부대에게 친히 내린 이름으로 부대의 임무가 그 단어가 갖고 있는 두 가지임을 웅변으로 말해주고 있다.

한국에 파병된 이 전사들은 현대사에 에티오피아의 전투력을 인상적으로 남겼다. 이런 의미에서 에티오피아 국민과 황제는 이들을 자랑스러워한다. 강뉴부대 용사들은 한국 전선에서 그들의 탁월한 전투력을 발휘함으로써 조국에 영광을 바쳤다.

게다가 그들은 신성한 동기를 갖고 있는 투쟁에 대한 그들의 신념을 보여 주었다. 부당한 침략을 받고 있는 나라를 보호하기 위한 투쟁, 세계 평화를 지키기 위한 집단안보 원칙을 실천하겠다는 투쟁, 자유와 문화를 지키는 투쟁. 에티오피아 황제가 일찍이 천명한 집단안보 원칙을 한국전선에서 실천에 옮김으로써 에티오피아 전사들은 '국제평화담보 계약'에 피로써 서명한 것이다.

평화주의자이며 불세출의 집단안보 주창자인 하일레 셀라시에 황제는 에티오피아가 항상 추구하여 온 세계 평화를 위한 집단안보라는 이 신성한 세계정책을 보호하고 실행하기 위하여 강뉴부대를 한국에 파병하였다.

강뉴부대를 한국에 파병시키면서 셀라시에 황제가 행한 연설의 한 대목을 들어 보자. "우리 에티오피아가 항상 추구하고 있는 세계 평화를 위한 집단안보라는 이 신성한 세계정책을 실현하고 보호하기 위하여 귀 장병들은 오늘 장도에 오르는 것이다." 하일레 셀라시에 황제는 평화주의자이며 불세출의 집단안보 주창자이지 않은가?

　내가 에티오피아 강뉴부대의 활약상을 듣고 읽고 무엇보다도 내가 한국전쟁 최일선에서 직접 목격했기 때문에 에티오피아군의 세계 평화에 대한 공헌도를 증언하기 위하여 엄숙한 사명감으로 이 책을 쓰게 되었음을 밝힌다.

1954년 한국에서

키몬 스코르딜스(Kimon Skordiles)